0～3歲

嬰幼兒
課程活動設計

◎施淑娟　著

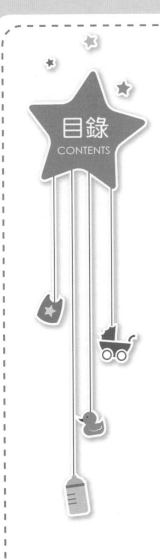

目錄 CONTENTS

作者簡介・iii

推薦序一・iv

推薦序二・vi

作者序・vii

導讀・001

一、緒論・002

二、蒙特梭利教育理論・004

三、嬰幼兒活動課程設計之方法與重點・006

四、嬰幼兒學習環境設計・008

（一）　**嬰兒期課程活動設計・017**

一、日常生活領域・018

二、動作技能領域・034

三、感官領域・050

四、語文領域・064

五、社會領域・078

六、認知領域・094

（二）　**學步期課程活動設計・107**

一、日常生活領域・108

二、動作技能領域・128

三、感官領域・144

四、語文領域・160

五、社會領域・176

六、認知領域・192

（三） **走路期課程活動設計・215**

一、日常生活領域・216

二、動作技能領域・230

三、感官領域・246

四、語文領域・260

五、社會領域・276

六、認知領域・292

作者簡介

施淑娟（Shu-Chuan Shih）

- **學歷**：美國阿格西大學教學領導博士，主修 K-12 課程與教學
- **現任**：國立臺東大學幼兒教育學系副教授
- **經歷**：慈濟大學兒童發展與家庭教育學系助理教授

  慈濟大學兒童發展與家庭教育學系主任及服務學習中心主任

  慈濟技術學院幼兒保育系助理教授

  高職幼兒保育科老師、國小及幼稚園教師、主任及園長

  奧福音樂及體能才藝教師

  教育部幼兒園新課綱宣講人員及輔導教授

  勞動部丙級保母人員監評委員

  保母人員培訓及在職進修課程講師

  托嬰中心輔導人員

  蒙特梭利啟蒙基金會花蓮區執行長和教務長

  花東地區玩具圖書館執行負責人

  0-3 及 3-6 歲蒙特梭利師資培訓講師

  托嬰中心、托兒所、課後托育中心及保母支持系統評鑑委員
- **證照**：幼稚園教師合格證

  美國 NAMC 0-3 歲蒙特梭利合格教師證

  美國 AMS 3-6 歲蒙特梭利合格教師證

  美國國際嬰幼兒按摩訓練中心專業講師證
- **專長**：全語文教學、方案教學、閱讀教學、親職教育、教學領導、幼兒園行政、檔案評量、蒙特梭利教育、繪本與說故事教學、嬰幼兒課程設計、嬰幼兒音樂與律動、嬰幼兒環境規劃與設計、嬰幼兒教具製作與應用、嬰幼兒按摩、嬰幼兒體能與遊戲

推薦序一

　　此書就像個及時雨，而淑娟完全有能力創造這場及時雨。

　　在少子女化愈來愈嚴重的時代，政府針對嬰幼兒階段的照顧，投注許多的經費和政策。不論是在公共托育或是在家托育，期待將嬰幼兒的照顧成為專業，讓家長可以大膽地生，由政府協助之後的照顧。然而，不論是機構式的托育或是家庭式的托育，人們期待的都是愈來愈專業的訊息，讓大家能將嬰幼兒照顧好；而這個照顧就不僅是生理上的滿足及照顧，更需要能引導嬰幼兒發展的各種活動。尤其在每個家庭中子女數降低，更需要帶好每一個孩子，量少質精才能讓這群孩子撐得起未來的一片天。

　　本書正是提供家長、嬰幼兒照顧者、機構內及居家的保母們，一套0～3歲嬰幼兒發展面向相當完整的書籍內容。書中依據蒙特梭利教育理念，將課程活動分為日常生活領域、動作技能領域、感官領域、語文領域、社會領域、認知領域；並依據0～3歲幼兒的年齡區分為嬰兒期、學步期和走路期的課程活動三階段。每一個活動中包括：活動名稱、年齡、直接目的、間接目的、材料、步驟、延伸變化及延伸材料。其中步驟的部分描述得相當仔細，因為在蒙特梭利的教育理念中，教師正確的示範是非常重要的。在步驟中還包括了預備環境和事後整理的描述，讓讀者可以很清楚地依據書中的步驟，將一個活動完整示範出來，讓幼兒得以觀察及模仿。

　　淑娟有著相當完整的幼兒教育學經歷，花蓮師院幼教系畢業後，一邊在幼教現場工作，一邊進修，一路推進自己到美國取得博士學位。在教學實務現場擔任過幼稚園教師、主任、園長等職務，在高職擔任幼保科教師，再到慈濟大學兒家系擔任助理教授，現在成為臺東大學幼教系的副教授。在專長領域上，蒙特梭利教學模式一直是她授課的重點領域，擁有美國北美蒙特梭利中心0-3歲的蒙特梭利合格教師證，及美國蒙特梭利學會3-6歲蒙特梭利合格教師證。淑娟以她堅實的學歷和經歷，來將所學及所實踐過

的課程活動，集結成為這一本精華，相信可以為許多和 0～3 歲幼兒互動的
專業人士及家長們，提供非常好的課程參考實例。

　　讓這場及時雨滋潤大地，孕育出更美好的幼苗！

郭李宗文 於 砂城

2021.07.05

推薦序二

　　淑娟老師是我剛踏入幼教工作時的啟蒙園長，認真、負責的態度是我學習的榜樣。在我的幼教生涯中，非常感謝淑娟老師的提攜和鼓勵，讓我有機會和她一起遠赴美國進修 AMS 3～6 歲蒙特梭利師資培訓課程，取得合格教師執照。當我到托嬰中心督導時，看到主任的桌上放著這本《0～3 歲嬰幼兒課程活動設計》時，就深深的吸引我的目光，再看到作者是施淑娟老師時，我就迫不及待地拜讀，這本書果然是 0～3 歲嬰幼兒照顧者的葵花寶典。

　　因著愛孩子的初心，我進入了幼教職場，在帶孩子的過程中深刻體會到光有愛是不夠的，要用對方法教孩子，才能夠給孩子一個完備的教育。而本書提供了許多淺顯易懂的活動設計，讓照顧嬰幼兒的工作變得既輕鬆又極具成就感。

　　新手父母、托育人員有福了！本書的課程活動設計主要分成三個年齡層：嬰兒期、學步期和走路期，依據六大領域：日常生活領域、動作技能領域、感官領域、語文領域、社會領域、認知領域，提供 0～3 歲嬰幼兒照顧者具體可行的活動設計。

　　因為工作關係我經常到托嬰中心督導，在主任辦公室的書架上時常看到這本書的蹤跡，可見得本書非常受到 0～3 歲嬰幼兒照顧者的青睞，儼然已經成為托育人員不可或缺的工具書。謝謝淑娟老師在繁重的教學工作之餘，還費心撰寫本書。而我也將這本書列為與 0～3 歲嬰幼兒照顧者分享的必讀書單之一，恭喜這本書要再刷了，很榮幸可以為再刷寫推薦序，希望0～3 歲嬰幼兒照顧者都能夠人手一本，在教學上遇到問題時都可以從書中找到答案。

歡樂童年幼兒園　洪淑敏園長

作者序

　　1985 年台北商專夜間部畢業的我，因著對幼教的喜愛，決定放手一搏，參與補習班為進入幼師專取得幼教老師證而努力，1990 年順利從花蓮師院畢業，抱著幼教憧憬重回幼稚園工作，但幼稚園還是跟進入師院就讀前的托兒所一樣是讀寫算的傳統教學，於是興起放棄幼教工作的念頭。就在同一年，蒙特梭利啟蒙基金會在花蓮辦理第一屆 3～6 歲蒙特梭利師資訓練，剛畢業的我對於蒙特梭利教學法還是懵懵懂懂的，但不知何原由，在短時間就決定參與培訓；另一個關鍵是基金會可以分期付款支付學費，讓當年只有 12,000 元薪水的我，可以順利參與 30,000 元的師資培訓，當時可是相當大的一筆費用，就這樣讓我和蒙特梭利教學法結下 31 年的不解之緣。

　　在接受完師資培訓後，因著一股熱誠，想要實踐蒙特梭利教學的理念與實務，於是回到臺北尋找合適的幼稚園，一間在土城的蒙特梭利實驗班成了我蒙特梭利教學的開端。剛從理論學到蒙特梭利教學，不見得就熟悉實務，由於我是主教老師，只能透過摸索和嘗試來進行蒙特梭利教學，但遇到瓶頸時卻沒有資深的人來引領，所以我只能選擇離開。1991～1995 年，我嘗試在臺北市與新北市尋找蒙特梭利幼稚園，為的是更進一步了解其運作方式，最後來到蒙特梭利啟蒙基金會的青年幼稚園擔任園長，總算學習到更貼近蒙特梭利教學的模式，更在 1996 年取得美國 AMS 3-6 歲國際蒙特梭利合格教師證書，讓自己在蒙特梭利教學上更進一個階段。

　　同一年，土城蒙特梭利幼稚園的老闆，希望我能協助將整個幼稚園轉型成蒙特梭利教學，對於喜愛挑戰的我，相對於擔任園長工作，我認為教學轉型是我喜愛的，於是勇敢地接下此工作，1995～1997 年這段時間是我在蒙特梭利教學中最驕傲的傑作。2000 年開始進入慈濟技術學院（現慈濟科技大學）工作，也開了原住民與蒙特梭利教學的相遇，藉由輔導幼兒園的機會，讓花蓮蒙特梭利幼兒園有深入理解蒙特梭利教學的機會；也透

過辦理蒙特梭利師訓與研習，讓更多老師認識蒙特梭利教學法。2006 年藉由到美國進修博士的機會，取得美國 NAMC 0-3 歲蒙特梭利合格教師證，也開始在花蓮進行 0～3 歲的師資培訓，協助托嬰中心的保母採用蒙特梭利教學的方法。因著小女的出生，讓我有機會可以在家實踐 0～3 歲蒙特梭利教學的方式，也透過演講，將自我的實務經驗分享給保母及家長們。

2012 年政府開始推動 0～2 歲公私協力托嬰中心，托嬰中心如雨春筍般成立，直到 2017 年共有 123 間，但此時托嬰中心的課程與活動還是很缺乏的，許多托嬰中心將 0～2 歲幼兒當幼幼班來教，常常進行團體活動，一起聽故事、一起做美勞、一起唱歌和跳舞，但 0～2 歲的幼兒和 2～3 歲或 3～4 歲的幼兒一樣嗎？教學活動的進行可以一樣嗎？作息要如何安排？這些問題在當時真的是很大的學問，大部分的托嬰中心都還在摸索中。2006 年心理出版社為我出版《兒童內在生命的發展：蒙特梭利感覺教育》一書，此書也是根據蒙特梭利教學的理念產生的 0～2 歲感覺教育書籍，但這只是幼兒學習的一部分，因此興起想要將在國外所學 0～3 歲蒙特梭利教學的活動進行整理，提供現場保母與照顧者來使用的念頭。

本書從我在慈濟大學兒家系擔任教師，便尋找學生助理協助打字與校稿，直到 2016 年來到臺東大學幼教系任教，還是持續校稿與修正，感謝心理出版社多年來的協助，也感謝我慈濟技術學院幼保系學生的編輯——碧嶸，多年來的辛苦。期待本書的出版，可以讓大眾認知 0～3 歲幼兒的特殊性，重視他們發展的個別化，也理解他們教學活動需要個別化。透過本書的內容，提供照顧者知道學習區教具的分類與性質，也了解各類發展的活動設計，讓 0～3 歲的嬰幼兒在一個準備好的環境，及一個準備好的照顧者下，快樂與愉悅的成長。

施淑娟　於東大知本校區

2021 年 5 月 26 日

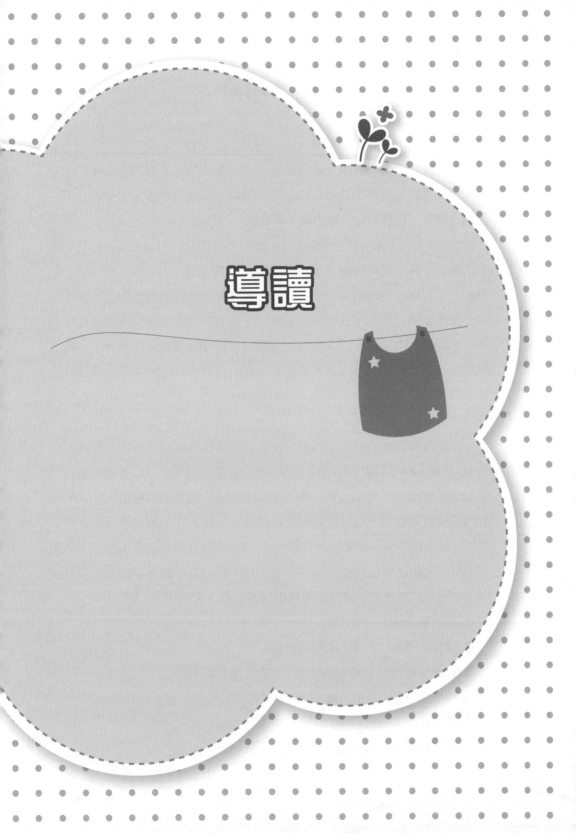

導讀

一、緒論

在課程理論的理念中，幼兒教育以幼兒取向為主，該理念強調創造幼兒的個人意義，主張是課程適應幼兒，而非幼兒適應課程，並強調幼兒、活動、發展、統整和自由等內涵（黃政傑，1989）。而 0～3 歲的嬰幼兒需要課程嗎？自 2012 年臺北市與新北市政府廣設公共托育中心後，嬰幼兒教育市場多了許多就業機會，但也凸顯嬰幼兒教育缺乏人才的問題。目前幼兒教育師資培育機構的課程中，鮮少開設嬰幼兒教育相關的課程，而托嬰中心保母也缺乏嬰幼兒課程的專業能力，認為嬰幼兒階段只注重生理的需求，照顧好其吃、喝、睡等保育工作即可。但嬰幼兒階段的教育工作呢？不用重視嗎？嬰幼兒不用教嗎？還有，嬰幼兒要教什麼？這都是嬰幼兒教育工作者需要去探討與學習的，更顯現嬰幼兒課程的必要性，也是此書出版的重點。

本書內容根基於蒙特梭利教育理論，蒙特梭利將兒童分為四階段，包含 0～6 歲、6～12 歲、12～18 歲及 18～24 歲（表 1），0～3 歲的嬰幼兒時期是無意識階段，因此環境中任何訊息都是嬰幼兒學習的對象，身為 0～3 歲的照顧者更是要小心。在蒙特梭利理論中，吸收性心智、敏感期、預備環境、錯誤控制與日常生活教育都與 0～3 歲教育有密不可分的關係。從敏感期可發現嬰幼兒階段應注意的事項，提醒照顧者要觀察嬰幼兒的各項表現，並適當的依敏感期進行引導與協助的工作（施淑娟，2007）。

1. 語言敏感期：4 個月到 3 歲
2. 感覺敏感期：1 歲 3 個月到 6 歲
3. 對細微事物感興趣的敏感期：1 歲 3 個月到 4 歲
4. 秩序敏感期：2 到 3 歲
5. 肌肉運動的敏感期：1 歲半到 4 歲
6. 精確動作（社會禮儀）敏感期：2 歲半到 4 歲

表 1　兒童至成人發展階段

年齡	階段名稱	特色	獨立性
0～6 歲	嬰幼兒期	吸收性心智 （Absorbent mind） 0～3 歲無意識階段 3～6 歲有意識階段	身體上的獨立 （Physically independence）
6～12 歲	兒童期	冷靜時期 （Calm phase）	心智上的獨立 （Mentally independence）
12～18 歲	青少年期	動態時期 （Dynamic change）	道德上的獨立 （Morally independence）
18～24 歲	成年期	一生的使命 （Mission life）	個人生命的使命 （Personal mission in life） 經濟上的獨立 （Economic independence） 精神上的獨立 （Spiritual independence）

資料來源：取自陳秀芬（無日期）。

　　在蒙特梭利 0～3 歲教育的內容中，依其理論與嬰幼兒發展的需求分為日常生活、動作技能、語文、感官、認知與社會六大領域，期待沒受過0～3歲蒙特梭利師資培訓的照顧者與讀者可從此書獲得教導嬰幼兒的課程與方法。但重要的是讀者在課程準備前，需先有蒙特梭利環境的預備工作與照顧者心態及行為的經驗或相關先備知識，如此才能讓蒙特梭利教具發揮最大的功效，嬰幼兒才能學習到相對的能力。

二、蒙特梭利教育理論

　　瑪麗亞・蒙特梭利（Maria Montessori）生於 1870 年 8 月 31 日義大利的安科納省（Kramer, 1988），1896 年她是義大利第一位從醫學院畢業的女性（Kramer, 1988; Standing, 1984），最後過世於 1952 年 5 月，葬於荷蘭。蒙特梭利從醫學院畢業後，進入羅馬大學精神科診所擔任助理醫師的工作，首次接觸特殊幼兒的機會，開啟了她對特殊幼兒的興趣（Standing, 1984），這兩年（1896～1898）的工作經驗，讓她領悟到幼兒是透過雙手來幫助其智慧的成長，於是蒙特梭利開始著手研究塞根（Seguin）的著作，並了解塞根是如何教育特殊幼兒，最後她更提出特殊幼兒的問題不是醫學上的問題，而是教育上問題的論點（Kramer, 1988; Montessori, 1964; Standing, 1984）。

　　1904 年在聖羅倫斯貧民窟的建商，想要找人來管理社區的幼兒，於是邀請蒙特梭利擔任幼兒的管理者，終於，蒙特梭利有機會將其教育理念實施於正常幼兒的身上（Kramer, 1988; Standing, 1984）。1907 年 1 月 6 日成立第一間兒童之家（Casa dei Bambini），兩年後，因為這 60 位幼兒的高成就，讓蒙特梭利的名聲遠播，世界各地的人士爭相來兒童之家看這一群幼兒的表現，史坦丁（Standing, 1984: 35）並宣稱，「哥倫布發現了新大陸，蒙特梭利則發現了兒童」。

　　19 世紀末，學者就發現大腦的神經中樞和語言的產生有很大的關係，神經細胞中一個是聽覺的接受中樞，是感覺中心，負責「聽」也就是輸入；另一個則是運動中樞，負責「說」所需要的動作，是運動中心，也就是輸出的工作。換言之，耳朵是聽也就是接收的器官，嘴巴是說也就是表達的器官，但是聽和說豈是如此簡單的工作而已。當幼兒聽到人的語言，首先需要透過內在的記憶、思考與了解等層次，才能使用自己的語言表達出來（陳文齡，2006；Montessori, 1967a）。這一個複雜的運作歷程，就如蒙特梭利（Montessori, 1967a）在《吸收性心智》（*The absorbent mind*）一書中

提到因幼兒內在牧內美（Mneme）的運行，就是這一股超強的記憶力，讓幼兒能輕易地掌握環境中不同的語言，再加上赫爾美（Horme）的內在驅動力與生命能量，驅使幼兒反覆不斷的學習與克服困難，邁向獨立成長的目標，同樣地，幼兒也是以此方式來吸收環境中一切，形成自己的性格與習得社會習俗。

　　從生物學家德弗里（Hugo de Vries）發現毛毛蟲對光有敏感性，當牠朝著光亮處爬行後，便可找到牠需要的食物——嫩葉，但當毛毛蟲羽化成蝴蝶後，對光的敏感性就消失了。因此蒙特梭利認為這種特別的感覺力是短暫的，一旦消失了便不會重來，於是蒙特梭利藉由觀察聖羅倫斯兒童之家發現幼兒有 11 個敏感期（趙悌行譯，1993；Standing, 1984）。市丸成人與松本靜子整理史坦丁、海因斯托克和馬洛依三人對敏感期的時間點發現，語言敏感期有 4 個月到 3 歲及 1 歲半到 3 歲兩種說法，因此語言敏感期為 4 個月到 3 歲；三人皆認為書寫敏感期在 3 歲半到 4 歲半；閱讀敏感期則有 4 歲與 4 歲半到 5 歲之差異，因此閱讀敏感期，可定義在 4 到 5 歲（施淑娟，2014；趙悌行譯，1993）。語言是各發展中最困難也最複雜的工作，而語言敏感期也是所有敏感期裡持續時間最久的（Standing, 1984），因此蒙特梭利認為，讓幼兒沉浸在傾聽的環境中是很重要的，也是語言教育的第一步，因此透過五種感官讓孩子多說話、對身邊的事物多看、多聽與觸摸，鼓勵幼兒用感官能力去探索，更有利於語言的學習（施淑娟，2014；趙悌行譯，1993）。

三、嬰幼兒活動課程設計之方法與重點

　　一般課程設計的定義是指課程要素的選擇、組織與安排的方法過程（黃政傑，1991），而課程設計則包含教學目標的擬定、選擇組織教學活動、執行評鑑工作的科學技術，以達成教學目標（黃光雄、蔡清田，1999）。再者，一般課程設計類型包含學科課程設計、融合課程設計、廣域課程設計、核心課程設計與活動課程設計等內容（王真麗，2005；張茂英、張英，2013），嬰幼兒教育則屬活動課程設計，強調以學習者為中心，選擇與學習者個人興趣或需要相關的內容，不僅促進學習者個人的發展，且享有主動投入學習內容的機會（張茂英、張英，2013）。

　　本活動課程設計分為三個階段，總計 138 個活動課程設計，分別為嬰兒期（3～12 個月）、學步期（12～24 個月）及走路期（24～36 個月），於「日常生活」、「動作技能」、「感官」、「語文」、「社會」及「認知」等六大發展領域下，分列其活動設計，形成一個系統性課程活動架構。

　　為因應嬰幼兒個別化需求及避免托嬰中心過度實施集中性的課程與作息，除了上述三個階段的區分，在各活動課程教案中明列適宜的年齡層，以期照顧者依嬰幼兒的發展與能力施以合宜的課程。

（一）教具特色

1. 不是玩具，也不是真實用具的縮小版，更不是扮家家酒。
2. 美觀兼具吸引力。
3. 適合幼兒操作的尺寸。
4. 色彩與整體的搭配。
5. 材質的選擇——以天然為佳。
6. 容易清潔與維修。
7. 活動的完整性（一件工作的配件需很有順序的排列）。

8. 活動的前後秩序（難度、複雜性）。

9. 整潔與完整（忌蒙塵、缺角、龜裂）。

10. 安排與布置（與水接觸頻繁、宜進水源區）。

（二）活動設計原則

1. 選擇與真實生活中相似或相同的家事活動，而非虛構不實的活動。

2. 活動過程要符合邏輯性與順序性，方式要具體簡單明瞭勿太複雜化，
　 為不同年齡層興趣能力的活動。

3. 清楚活動所要達到的目的，檢視專注力、秩序性、動作發展、自信心、
　 基本技能等各項目的。

（三）採購教具的原則

1. 物美價廉。

2. 安全性的考量（避免粗糙、尖銳的不良品質，造型要穩重不易傾倒）。

3. 易破損的物品宜一次採購二至三套，以便更換。

（四）操作示範的注意事項

1. 給予孩子反覆操作的權利與自由，以達到完整性的目標，也滿足了他
　 自己。

2. 經由社交禮儀的進行，示範孩子如何以人們接受的方式與講究的動作
　 與人相處。

3. 可以準備一個獨立的空間，以幫助孩子不受干擾，養成良好的專注力。

4. 不要求孩子一板一眼的學習、模仿，宜合理地讓他以自己的方式呈現。

四、嬰幼兒學習環境設計

　　蒙特梭利認為環境對幼兒而言是相當重要的，並且她強調滋養幼兒主要的要素就是環境（Lillard, 1972），Hainstock（1997）指出，蒙特梭利學校應該是一個預備好的環境，那個環境中的任何器材與物品都必須符合幼兒使用的大小，並且滿足幼兒內在的需求。環境中的教具是豐富的、有價值的且具有美感的，因為蒙特梭利教室的目的就是要去擴展幼兒對這世界的興趣（Lillard, 1997）。此外，蒙特梭利教室對幼兒來說就像家一樣的溫暖，幼兒從開放的櫃子中自由選擇他們想做的工作，在桌上或地毯上操作那些能自我錯誤控制的教具（Montessori, 1964）。

　　根據 Lillard（1972）指出，構成蒙特梭利教室的環境有六個主要的成分：(1)自由；(2)結構與秩序；(3)真實與自然；(4)美感與氣氛；(5)蒙特梭利教具；(6)發展社會化的生活。而自由是蒙特梭利教學中最重要的要素，蒙特梭利的學習環境是奠基在幼兒發展的需求上，在有限制的自由中小心地為幼兒預備可以開展幼兒經驗的教具（Chattin-McNichols, 1992）。蒙特梭利（Montessori, 1967a）也指出，除非幼兒擁有自由，否則老師沒辦法教導他們紀律，也因此幼兒只有在自由的環境中，才能伸展他們的自發性和自律感，那才是真正的自我紀律（施淑娟，2004）。

　　幼兒從生活環境中吸收知識，這些知識不僅進入他們的心中，並且成為永久的記憶，更影響其行為，這便是環境影響幼兒的重要因素（Standing, 1984）。幼兒利用他們在世界上探索到的事物，來增進自我內在心靈的發展，蒙特梭利（Montessori, 1967a）把這類的心理狀態稱為吸收性心智（The Absorbent Mind）。因此，蒙特梭利為幼兒準備一個特別的環境，並且給他們自由，那是因為他認為幼兒擁有特別的、自然的吸收心智，可以吸收他們在生活環境中所探索的事物（Standing, 1984）。

　　蒙特梭利教育哲學理論是奠基在人與環境的互動中（Kuo, 1993），因

為她相信教育是為了發展幼兒內在的生命，在教育中首要的事情是，提供幼兒自然發展他們能力的環境（Montessori, 1967b），因此，預備環境主要的目的是盡可能使幼兒成為一個獨立的成人（Standing, 1984）。

（一）嬰幼兒學習環境準備的原則

1. 要有六大區域的教具。
2. 空間不能太大，也不能太小。
3. 光線要充足。
4. 空氣要流通。
5. 教具要輕巧，易搬動。
6. 高度要適中。
7. 以幼兒的尺寸來測量。
8. 教具要有吸引力。
9. 東西要真實、美觀。
10. 教具不能有易碎品。
11. 有動物或菜園，或其他自然的事物。
12. 教具是可清洗的。
13. 不在桌椅下加橡皮墊。
14. 照顧者要注意自己的儀容、態度、心情和服裝。

（二）學習環境的規劃範例

學習環境規劃

提供固定位置讓幼兒坐著玩教具

提供鏡子學習自我認識的概念

故事書與玩具的擺設

教具擺設的方式

門口換鞋的椅子

休息睡覺的空間

遊戲空間的規劃

危險地區的區隔

穿脫褲子的位置

馬桶子母蓋的設置

洗手環境協助

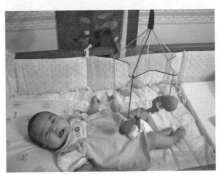

嬰兒的睡覺空間營造

日常生活學習

洗抹布

使用吸塵器

擦桌子

洗手

自己吃飯

刷牙

自己洗澡

自己喝牛奶

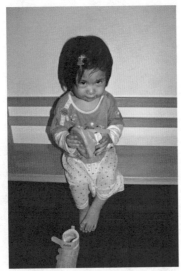

自己換鞋

抓握的練習

自己擦手

照顧他人的學習

觸覺

味覺

觸覺

大小的探索

嗅覺

觸覺與嗅覺

參考文獻

中文部分

王真麗（2005）。**生活課程：理論與實務**。臺北：高等教育。

黃光雄、蔡清田（1999）。**課程設計**。臺北：五南。

黃政傑（1989）。課程設計的理論取向。**教育研究集刊**，1-12。

黃政傑（1991）。**課程設計**。臺北：東華。

施淑娟（2004）。品格教育：從小培養。**幼教資訊，166**，2-4。

施淑娟（2007）。掌握嬰幼兒學習的敏感期。**幼教資訊，203**，42-45。

施淑娟（2014）。蒙特梭利教學對原住民幼兒語文能力表現之影響。**慈濟大學教育研究學刊，11**，209-245。

陳文齡（2006）。蒙特梭利語文教育特色。載於邱埱雅等著，**認識蒙特梭利教育**（318-327頁）。臺北：蒙特梭利文化公司。

陳秀芬（無日期）。**兒童的發展階段**（蒙特梭利居家教育網部落格文字資料）。取自 https://www.montessori.idv.tw/develop.htm

張茂英、張英（2013）。**幼兒教保活動設計**。臺北：學儒。

趙悌行（譯）（1993）。**蒙台梭利教育的比較研究與實踐（上卷）**（原作者：市丸成人、松本靜子）。臺北：新民。

蔡清田、黃光雄（1999）。**課程設計：理論與實際**。臺北：五南。

英文部分

Chattin-McNichols, J. (1992). *The Montessori controversy*. Albany, NY: Delmar.

Hainstock, E. (1997). *Teaching Montessori in the home: The pre-school years*. New York: Penguin PutnamInc.

Kuo, J. H. (1993). An integrated look at two significant childhood approaches-

Montessori and Piagetian and a comparison between the two approaches. *Journal of Early Childhood Education, 2*, 121-138.

Kramer, R. (1988). *Maria Montessori: A biography*. Reading, MA: Addison Wesley.

Lillard, P. P. (1972). *Montessori: A modern approach*. New York: Schocken.

Lillard, P. P. (1997). *Montessori in the classroom*. New York: Schocken.

Montessori, M. (1964). *The Montessori method*. New York: Schocken.

Montessori, M. (1967a). *The absorbent mind*. New York: Dell.

Montessori, M. (1967b). *The discovery of the child*. New York: Ballentine.

Standing, E. (1984). *Maria Montessori: Her life and work*. New York: Plume Books.

嬰兒期課程活動設計

3～12 個月

一、日常生活領域

分分看・擠海綿・弄皺紙張・將紙撕成長條・擤
鼻涕・舀食物・倒水・用杯子喝水

二、動作技能領域

抓東西・把物品丟入容器・把形狀放進洞裡・
「裡面」和「外面」・堆放各種物品・倒物品・拉出來

三、感官領域

吃吃看・辨別聲音的高低・認識圖案・敲一敲・摸一摸布料・採集大自然物品・
體驗「溫暖」和「冰涼」

四、語文領域

辨認常見物品・在喜愛的故事加入聲效・命名遊戲・東西在哪裡・認識物品的名
稱・分辨物品・敲敲打打數數量

五、社會領域

摸一摸・學習安靜的活動・認識簡單的歌曲・加入節奏・歌曲中加入字詞・
戴帽子・分享寶貝籃

六、認知領域

辨認物品・製作簡易玩具・鞋子配對
找找看・排列大小・戴手套

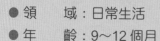

一、日常生活領域

❤ ① 分分看

● 領　　域：日常生活
● 年　　齡：9～12個月
● 直接目的：辨認與分類日常生活物品
● 間接目的：發展分辨能力
　　　　　　發展認知與動作技能

 材料

1. 工作毯。
2. 托盤。
3. 三支相同的湯匙和三個相同的筷架。
4. 二個相同的碗。
5. 一個放湯匙和筷子容器。

 步驟

1. 先將筷架、湯匙和碗放在托盤並拿取工作毯。
2. 將工作毯放在嬰兒的面前，並將托盤放在工作毯上。
3. 教師坐下，讓嬰兒面向教師。
4. 等待嬰兒將全部的注意力放在教師身上。
5. 從托盤拿起一支湯匙，在嬰兒面前將它舉高，並將它放在其中一個碗裡。

▶▶ 步驟 5 的動作要讓嬰兒清楚看到

6. 拿起第二支湯匙，將它舉高並放入裝第一支湯匙的碗。再拿起第三支湯匙，一樣重複這個動作。

7. 從工作毯上拿起一個筷架，在嬰兒面前將它舉高，將它放入第二個碗裡。第二個筷架及第三個筷架皆重複這個動作。

8. 暫停動作並對嬰兒微笑。

9. 緩慢且謹慎地從碗裡拿出湯匙和筷架，放回托盤。

10. 給嬰兒一個湯匙並請他將湯匙放入一個碗裡。例如，教師說：「現在換你把湯匙放入一個碗裡。」

11. 給嬰兒足夠的時間進行這個活動。

12. 如果嬰兒沒有動作，可詢問：「需要我幫忙嗎？」然後溫柔地引導嬰兒用手將湯匙放入一個碗裡。

13. 邀請嬰兒將其他湯匙放入這個碗裡。

14. 當嬰兒將全部湯匙放好之後，請嬰兒將（筷架）放入第二個碗裡。

15. 如果嬰兒將正確的物品放入碗裡（將一個湯匙和其他湯匙放一起），教師微笑並且說：「是的，湯匙。」如果嬰兒將錯誤的物品放入碗裡（將一個筷架和其他湯匙放一起），微笑並且說：「謝謝你的筷架。現在請你找出一支湯匙放入這個碗。」

16. 重複活動直到嬰兒沒有興趣為止。

17. 當嬰兒結束活動後，將物品放回托盤，然後帶著嬰兒一起將工作毯和材料放回適當位置，即為活動結束。

18. 確認材料擺放在明顯的地方。例如，放在矮的櫃子，讓嬰兒下次想玩時可以自己操作遊戲。

▶▶ 教師的正確示範很重要，當然還包括預備環境以及事後整理。

 **擠海綿**

- 領　　域：日常生活
- 年　　齡：9～12 個月
- 直接目的：奠定日常生活自理能力
- 間接目的：發展良好的動作技能與
  視覺敏銳度

 材料

1. 工作毯。
2. 托盤。
3. 裝好水的臉盆（少量的水即可）。
4. 小尺寸的海綿，讓嬰兒的手可以握住。其他替代的東西：毛巾、餐巾、
   抹布。

 步驟

1. 將臉盆準備好後，把臉盆和海綿放在托盤上並拿取工作毯。（或者，不
   使用放在地板上的工作毯，而是帶嬰兒去兒童尺寸的工作桌進行這個活
   動。）
2. 將工作毯放在嬰兒的面前，並將托盤放在工作毯上。
3. 教師坐下，讓嬰兒面向教師，將工作毯放在教師與嬰兒之間。
4. 等待嬰兒將全部的注意力放在教師身上。

5. 從托盤拿出臉盆和海綿，將它們放在工作毯上，再將托盤放在旁邊。

6. 拿起海綿，將它放入裝水的臉盆裡。

7. 稍等幾分鐘後，拿起沾了水的海綿，將海綿中的水擠回臉盆內。

8. 重複這個動作。

9. 暫停動作並對嬰兒微笑。

10. 把海綿拿給嬰兒，邀請他進行這個活動。例如，教師說：「現在換你將海綿浸入水中，把海綿裡的水擠出來。」

11. 給嬰兒足夠的時間進行此活動。

12. 如果嬰兒沒有動作，教師可詢問：「需要我幫忙嗎？」然後溫柔地引導嬰兒的手把海綿浸入臉盆並將水擠出。一旦發現嬰兒被吸引時，教師可溫柔地移開手，讓嬰兒自己繼續活動。

13. 當嬰兒專注在這個活動時，確保嬰兒在活動過程中不受干擾。

14. 嬰兒結束活動後，帶著嬰兒用海綿將灑出的水擦乾淨。把海綿擠乾並將海綿和臉盆放回托盤，然後帶著嬰兒一起將工作毯和材料放回適當位置，即為活動結束。

15. 確認材料擺放在明顯的地方。例如，放在矮的櫃子，讓嬰兒下次想玩時可以自己操作遊戲。

1. 當嬰兒學到經驗與技巧後，改變使用材料的數量、尺寸、顏色和材質。
2. 可讓嬰兒知道如何使用海綿和水來進行簡單的日常生活活動，像是把桌子擦乾淨，或將灑在地板的水清乾淨。
3. 在活動中加入語言或歌曲，介紹單字片語像是「嘎吱、嘎吱、嘎吱」、「洗、洗、洗」、「擦、擦、擦」、「擰、擰、擰」。

傳統吸鼻器、沐浴球……。

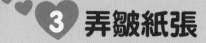

❤❤❤ **3 弄皺紙張**

● 領　　域：日常生活
● 年　　齡：9～12 個月
● 直接目的：奠定丟垃圾的基礎能力
● 間接目的：發展良好的動作技能
　　　　　　發展聽覺與視覺敏銳度

 材料

1. 工作毯。

2. 托盤。

3. 籃子。

4. 五張棉紙、包裝紙、繪圖紙或鋁箔紙。

 步驟

1. 將紙張和籃子放進托盤，再拿取工作毯。

2. 將工作毯放在嬰兒的面前，並將托盤放在工作毯上。從托盤中拿出籃子和紙張，將它們放在工作毯上。攤開紙張，將紙張排成一列，再將籃子放在紙張列的最後，位置為嬰兒的右手邊。最後，將托盤放在旁邊。

3. 教師坐下，讓嬰兒面向教師，將工作毯放在教師與嬰兒之間。

4. 等待嬰兒將全部的注意力放在教師身上。

5. 在嬰兒的左手邊工作。

6. 拿起第一張紙，用雙手慢慢且謹慎地把紙張揉成一顆球。

7. 暫停動作，對嬰兒微笑，然後將紙球投入籃子。

8. 重複這個活動。

9. 給嬰兒一張紙，邀請嬰兒進行這個活動。例如，教師說：「現在換你把紙弄皺並將它放入籃子。」

10. 給嬰兒足夠的時間進行此活動。

11. 如果嬰兒沒有動作時，教師可詢問他：「需要我的幫忙嗎？」然後溫柔地引導嬰兒的手去弄皺紙張並丟入籃子。一旦發現嬰兒被吸引時，教師可溫柔地移開手，讓嬰兒自己繼續活動。

12. 當嬰兒專注在這個活動時，確保嬰兒在活動過程中不受干擾。過程中可提供嬰兒更多的紙張。

13. 嬰兒結束活動後，將籃子和紙張放回托盤，再帶著嬰兒一起將工作毯和材料放回適當位置，並將弄皺的紙張放進回收筒。即為活動結束。

14. 確認材料擺放在明顯的地方，例如，放在矮的櫃子，讓嬰兒下次想玩時可以自己操作遊戲。

1. 可增加嬰兒和籃子之間的距離。
2. 編一首簡單的歌曲來替這個弄皺的動作伴奏，增加此活動的語言。例如，說：「弄皺、弄皺、弄皺紙張……然後丟入籃子。」
3. 注意不同紙張被弄皺時所發出的聲音。
4. 將弄皺的紙張放進一個紙袋，將紙袋開口纏緊，將它當作球來玩「接球」活動。

玻璃紙、鋁箔紙、圖畫紙、色紙、廢紙、塑膠袋……。

丟換下來的尿片（便便除外，且須包緊）、撿拾（收拾）玩具。

▶▶ 注意事項

1. 材料紙（棉紙、包裝紙、繪圖紙或鋁箔紙）比計算紙或信紙較容易弄皺且較不易割傷。

2. 不要使用雜誌、書籍或報紙的紙張。

3. 注意紙張油墨，選擇適合 0～1 歲嬰幼兒的材料。

4. 另外準備一個專門放皺紙的容器，收集下來的皺紙可做其他利用。

5. 示範給嬰兒看如何好好的拿著材料。

4 將紙撕成長條

- ● 領　　域：日常生活
- ● 年　　齡：9～12 個月
- ● 直接目的：發展手眼協調的能力
- ● 間接目的：發展良好的動作技能
　　　　　　發展聽覺與視覺敏銳度

材料

1. 工作毯。

2. 托盤。

3. 一大張棉紙。

▶▶注意事項

　　1. 棉紙比計算紙或信紙較容易撕且較不易割傷。

　　2. 在這個活動裡不要使用雜誌、書籍或報紙的紙張。

　　3. 示範給嬰兒看如何好好的拿著材料。

　　4. 盒蓋或其他淺的容器，用來裝紙條。

步驟

1. 先將棉紙和盒蓋放進托盤，再拿取工作毯。

2. 將工作毯放在嬰兒的面前，把托盤放在工作毯旁邊。從托盤中拿出棉紙和盒蓋，將它們放在工作毯上。最後，把托盤放在旁邊。

3. 教師坐下，讓嬰兒面向教師，將工作毯放在教師與嬰兒之間。

4. 等待嬰兒將全部的注意力放在教師身上。

5. 拿起一張棉紙，使用雙手慢慢且謹慎地將這張棉紙撕成長條狀。

6. 將紙條舉高拿給嬰兒看，再將紙條放入盒蓋裡。

7. 重複動作，撕出一或兩條更寬的紙條，並將它們放入盒蓋裡。

8. 暫停動作並對嬰兒微笑。

9. 給嬰兒一張棉紙，邀請他進行這個活動。例如，教師說：「現在換你來撕紙條。」

10. 給嬰兒足夠的時間進行此活動。

11. 如果嬰兒沒有動作時，教師可詢問他：「需要我的幫忙嗎？」然後溫柔地引導嬰兒的手開始撕這張紙。一旦發現嬰兒被吸引時，教師可溫柔地移開手，讓嬰兒自己繼續活動。

12. 當嬰兒專注在這個活動時，確保嬰兒在活動過程中不受干擾，如果嬰兒沒有把紙撕成長條、弄皺紙張，或沒有將紙條放入盒蓋時，教師不用糾正他。如果有需要，則提供嬰兒另一張棉紙。

13. 嬰兒結束活動後，將棉紙和盒蓋放回托盤，再帶著嬰兒一起將工作毯和材料放回適當位置。並將棉紙紙條放在藝術區或放進回收桶，活動即結束。

14. 確認材料擺放在明顯的地方。例如，放在矮的櫃子，讓嬰兒下次想玩時可以自己操作遊戲。

延伸變化

1. 可使用比較難撕開的紙，像是作圖紙或壁紙樣品。變換紙張的種類，由易到難。

2. 可將活動加入創造性元素，例如，協助嬰兒將紙條放在用膠水和水混合後弄濕的白紙上。這些棉紙紙條將會「印」在這張紙上，創造出色彩鮮豔的藝術作品，讓嬰兒帶回家。或者教師和嬰兒可以提供這些紙條給年紀較大的兒童團體，作為美術拼貼的材料。

5 擤鼻涕

- 領　　域：日常生活
- 年　　齡：9～12 個月
- 直接目的：學習日常生活的自理能力
- 間接目的：發展自信心與獨立性
　　　　　　發展良好的動作技能

1. 工作毯。

2. 托盤。

3. 一盒面紙（0～3 歲的孩子需幫忙摺好面紙）。

4. 小的廢紙簍（可直接放置在教室中有鏡子的地方）。

1. 將一盒面紙放進托盤，再拿取工作毯和廢紙簍。

2. 將工作毯放在嬰兒的面前，把托盤和廢紙簍放在工作毯旁邊。從托盤中拿出這盒面紙，將它放在工作毯上，最後將托盤放在旁邊。

3. 教師坐下，讓嬰兒面向教師，將工作毯放在教師與嬰兒之間。

4. 等待嬰兒將全部的注意力放在教師身上。

5. 慢慢地從面紙盒中抽出一張面紙。

6. 讓嬰兒知道為何教師想要擦鼻子。例如，教師說：「我流鼻水了，我需

要把鼻子擦乾淨。」或「我的鼻子癢癢的，我需要把鼻子擦乾淨。」再緩慢且謹慎地把鼻子擦乾淨。

7. 教師擦完鼻子之後，把用過的面紙弄皺，並將它丟入廢紙簍。

8. 暫停動作並對嬰兒微笑。

9. 將面紙盒拿給嬰兒。教師可以說：「或許你也流鼻水了。現在換你把鼻子擦乾淨。」

10. 給嬰兒足夠的時間進行此活動。

11. 如果嬰兒沒有動作但表現出對活動的興趣，溫柔地引導嬰兒用面紙擤鼻涕，然後再次邀請嬰兒進行這個活動。

12. 如果有需要，當嬰兒在抽面紙時教師可用手壓住面紙盒以防止傾斜。

13. 當嬰兒抽了一張面紙並開始擦拭後，教師在旁邊安靜地看著。

14. 當嬰兒擦完之後，邀請嬰兒將用過的面紙放入廢紙簍。例如，將廢紙簍推近嬰兒並說：「現在你已經擦完鼻子，請把這張面紙放入廢紙簍。」

15. 將面紙盒放回托盤，再帶著嬰兒一起將工作毯和材料放回適當位置，即為活動結束。

16. 確認材料擺放在明顯的地方。例如，放在矮的櫃子，讓嬰兒下次想玩時可以自己操作遊戲。

延伸變化

1. 用餐完畢後帶領孩子使用手帕擦嘴巴、臉。
2. 用餐完畢後帶領孩子使用抹布擦桌子。
3. 洗完手後帶領孩子使用手帕擦手。

6 舀食物

- 領　　域：日常生活
- 年　　齡：9～12 個月
- 直接目的：練習使用湯匙的能力
- 間接目的：發展用餐的技巧與能力
　　　　　　發展協調性

 材料

1. 工作毯。
2. 托盤。
3. 寬淺的碗（裝半滿的水，或嬰幼兒的食物）。
4. 湯匙。
5. 空杯子。
6. 海綿（用來擦拭灑出的水）。

 步驟

1. 先將湯匙、碗、杯子和海綿放進托盤，再拿取工作毯。
2. 將工作毯放在嬰兒的面前，並將托盤放在工作毯上。從托盤中拿出這些物品，將它們放在工作毯上排成一列，裝水的碗放在嬰兒的左邊。最後將托盤和海綿放在旁邊。
3. 教師坐下，讓嬰兒面向教師，將工作毯放在教師與嬰兒之間。

4. 等待嬰兒將全部的注意力放在教師身上。

5. 拿起湯匙，慢慢且謹慎地將湯匙放入水中。

6. 用湯匙將水舀起，並倒入空的杯子。

7. 重複動作。

8. 暫停動作並對嬰兒微笑。

9. 給嬰兒湯匙，邀請他進行這個活動。例如，教師說：「現在換你把水從碗移到杯子。」

10. 給嬰兒足夠的時間進行此活動。

11. 如果嬰兒沒有動作但表現出對活動的興趣，溫柔地引導嬰兒的手將湯匙放入水裡，然後再次邀請嬰兒進行這個活動。一旦教師發現嬰兒被吸引了，溫柔地移開手並讓嬰兒自己繼續活動。

12. 當嬰兒專注在這個活動時，確保嬰兒在活動過程中不受干擾。

13. 嬰兒結束活動後，用海綿將灑出的水擦乾淨。盡量讓嬰兒專注在將灑出的水擦乾淨。將物品放回托盤，再帶著嬰兒一起將工作毯和材料放回適當位置，即為活動結束。

14. 確認材料擺放在明顯的地方。例如，放在矮的櫃子，讓嬰兒下次想玩時可以自己操作遊戲。

延伸變化

1. 可使用沙子、小冰塊或乾穀物（例如：玉米粉、米或燕麥）代替水。如果使用乾的材料裝在碗裡，則使用小掃帚和畚箕清理。

2. 在嬰幼兒吃副食品時，教師可示範引導。

3. 內容物可視情況做更換。

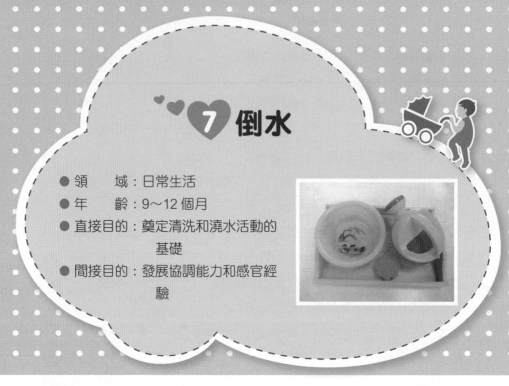

7 倒水

- 領　　域：日常生活
- 年　　齡：9～12 個月
- 直接目的：奠定清洗和澆水活動的
　　　　　基礎
- 間接目的：發展協調能力和感官經
　　　　　驗

1. 托盤。
2. 水槽或其他有水區域。
3. 小水盆或其他裝水容器（如杯子或水桶）。
4. 小灑水壺（重量要夠輕，讓嬰兒在裝滿水時也能將它舉起）。
5. 海綿（用來擦拭灑出的水）。

1. 將海綿、水盆和灑水壺放進托盤。
2. 與嬰兒一起將托盤拿至水槽。可能的話邀請嬰兒攜帶灑水壺。
3. 針對這個活動，這個水槽將劃分為工作空間。
4. 在水槽處，將水盆和灑水壺從托盤拿出，並將它們放在水槽旁邊。最後
　 將托盤放一旁。
5. 把水盆和灑水壺拿給嬰兒看，並給嬰兒足夠的時間去觀察它們。

6. 請嬰兒將灑水壺和水盆放進水槽裡。

7. 打開水龍頭，將水裝入水盆裡。確認嬰兒能夠看見教師如何將水裝入水盆。

8. 慢慢且謹慎地將水盆裡的水倒入灑水壺中。

9. 把灑水壺舉高並傾斜，讓水緩慢流入水槽中。

10. 暫停動作並對嬰兒微笑。

11. 把水盆拿給嬰兒。邀請嬰兒將水龍頭打開，將水裝入水盆裡，再將水盆裡的水倒入灑水壺中，最後讓水緩慢流入水槽中。給嬰兒足夠的時間進行此活動，需要時再給予協助。

12. 當嬰兒專注在這個活動時，確保嬰兒在活動過程中不受干擾。

13. 嬰兒結束活動後，用海綿將灑在水槽周圍的水擦乾淨。最後將物品放回托盤，並且帶著嬰兒一起將材料放回適當位置，即為活動結束。

14. 確認材料擺放在明顯的地方。例如，放在矮的櫃子，讓嬰兒下次想玩時可以自己操作遊戲。

1. 當嬰兒獲得經驗與技巧後，可以改變使用不同容器代替。例如：使用小杯子代替水盆來倒水。使用開口較小的容器也能給嬰兒一個新的挑戰。或者，不使用灑水壺，而是邀請嬰兒將水倒入一個底部有洞的透明塑膠水壺或空瓶。一旦瓶子被舉起時，水便會緩慢流入水槽中。

2. 編一首關於雨或水的歌曲，作為活動中的動作口訣。

有握把杯、無握把杯；內容物替換為水、果汁、餅乾……。

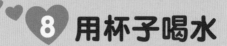

8 用杯子喝水

- 領　　域：日常生活
- 年　　齡：9～12 個月
- 直接目的：發展用杯子喝水的能力
- 間接目的：發展獨立性
　　　　　　發展良好的動作技能

材料

1. 工作毯。

2. 托盤。

3. 小杯子〔能裝少量（1～2 湯匙）〕的液體。

4. 水壺或其他裝水的容器。

5. 海綿（用來擦拭灑出的水）。

步驟

1. 將海綿、水壺和杯子放進托盤上，再拿取工作毯。

2. 將工作毯放在嬰兒的面前，並將托盤放在工作毯上。

3. 從托盤裡拿出杯子和水壺，將它們放在工作毯上，最後將海綿和托盤放在旁邊。

4. 教師坐下，讓嬰兒面向教師，將工作毯放在教師與嬰兒之間。

5. 等待嬰兒將全部的注意力放在教師身上。

6. 拿起水壺，在杯子裡倒入一些水。

7. 使用雙手舉起杯子，注視杯中的水，並拿給嬰兒看。

8. 再將杯子靠近嬰兒的嘴巴。

9. 如果嬰兒試著從杯子喝水，教師可將杯子稍微傾斜。如果嬰兒抓住杯子，教師可放鬆握住杯子的手並讓嬰兒繼續。如果嬰兒把頭轉開，或是透露出任何苦惱的訊息，就將杯子放回工作毯。

10. 邀請嬰兒把杯子舉起並喝下水。

11. 安靜地等待。給嬰兒足夠的時間進行此活動。

12. 如果嬰兒把杯子的水倒空（不論是喝完或是灑出），把水壺的水倒入杯子，然後再將杯子放在工作毯上。

13. 如果嬰兒沒有動作，教師可詢問他：「需要我的幫忙嗎？」引導嬰兒用雙手去抓住杯子的兩邊，並拿杯子靠近他的嘴巴。一旦發現嬰兒被活動吸引了，溫柔地移開手並讓嬰兒自己繼續活動。如果嬰兒丟下杯子或灑出水時，教師不要評論或糾正他，只要將水裝入杯子並再次拿給嬰兒。

14. 重複活動直到嬰兒沒有興趣為止。

15. 嬰兒結束活動後，從托盤裡拿出海綿，帶著嬰兒將工作毯擦乾淨。將杯子、水壺和海綿放回托盤，帶著嬰兒一起將工作毯和材料放回適當位置，即為活動結束。

16. 確認材料擺放在明顯的地方。例如，放在矮的櫃子，讓嬰兒下次想玩時可以自己操作遊戲。

當嬰兒獲得經驗和技巧後，教師可提供較大的杯子。

視孩子發展的情形將容器更換成碗，內容物可更換為果汁、湯、牛奶……等。

二、動作技能領域

1 抓東西

- 領　　域：動作技能
- 年　　齡：3～6個月
- 直接目的：發展抓握的能力
- 間接目的：增進視覺與觀察力
　　　　　　體驗形狀與顏色
　　　　　　發展專注力

  材料

1. 工作毯。
2. 籃子。
3. 嬰兒喜歡的物品。

   步驟

1. 將物品放入籃子，再拿取工作毯。
2. 將工作毯放在嬰兒前面，將籃子放在工作毯上。
3. 教師坐下，讓嬰兒面向教師，將工作毯放在教師與嬰兒之間。
4. 當嬰兒的注意力在教師身上時，對他微笑，再將物品從籃子中拿出。將籃子放在旁邊。
5. 在嬰兒的視線前舉高物品。
6. 當嬰兒專注在物品時，緩慢地將物品靠近嬰兒。
7. 將物品靠近嬰兒的手，讓嬰兒可以抓住它。

8. 在嬰兒握住物品時安靜等待。當嬰兒將物品扔下再將它撿起。

9. 重複動作，當嬰兒再靠近物品時，在嬰兒面前短暫地停留，讓他有機會去嘗試靠近或抓住它。允許嬰兒從教師手中拿走物品並抓住它。當嬰兒將物品扔下時，教師可將它撿起並重複這個活動。

10. 重複活動直到嬰兒已經沒有興趣為止。

11. 嬰兒結束活動後，將物品放回籃子，再帶著嬰兒一起將工作毯與材料放回適當位置，即為活動結束。

1. 提供不同大小和質料的物品讓嬰兒去抓握。例如：平滑的橡膠球、毛料毛巾、軟的豆袋。

2. 教師可在嬰兒的手套上縫製吸引人的物品（確認是無毒的），將手套套在嬰兒的手上，嬰兒被吸引後會試著抓自己的手脫下手套。

3. 教師可在嬰兒的襪子上縫製吸引人的物品（確認是無毒的），將襪子套在嬰兒的腳上，嬰兒被吸引後會試著抓自己的腳脫下襪子。

4. 在竹筷子上綁線，線的尾端可綁上軟球、布娃娃、鈴鐺。

❷ 把物品丟入容器

● 領　　域：動作技能
● 年　　齡：9～12 個月
● 直接目的：發展手眼敏捷性
● 間接目的：發展專注力與視覺敏
　　　　　　銳力

1. 工作毯。
2. 小提桶或廢紙簍。
3. 用紙張揉皺的紙球。紙球的大小，要小於提桶或籃子的圓周。

1. 將紙球放入提桶，再拿取工作毯。
2. 將工作毯放在嬰兒前面，將提桶放在工作毯上。
3. 教師坐下，讓嬰兒面向教師，將工作毯放在教師與嬰兒之間。
4. 等到嬰兒注意力在教師身上時，將紙球從提桶中拿出，並拿給嬰兒看，
　 再放在桶子外（地毯上）。
5. 接著把紙球舉在提桶上方。
6. 暫停動作並對嬰兒微笑，再將紙球扔入提桶。
7. 教師拿提桶靠近嬰幼兒，讓他看到紙球在提桶中。

8. 再把紙球從提桶裡拿出，放在工作毯上。

9. 邀請嬰兒把紙球撿起並檢視它。

10. 給嬰兒時間去檢視這顆紙球，再邀請嬰兒將紙球扔入提桶內。例如，教師說：「現在換你把球扔入提桶。」

11. 當嬰兒專注在把球放入與拿出提桶的動作時，教師安靜地往旁邊移動。

12. 過程中教師不用糾正或引導嬰兒，允許嬰兒自己去探索。

13. 嬰兒結束活動後，將紙球放回提桶，再帶著嬰兒一起將工作毯與材料放回適當位置，即為活動結束。

14. 確認材料擺放在明顯的地方。例如，放在矮的櫃子，讓嬰兒下次想玩時可以自己操作遊戲。

延伸變化

1. 提供不同大小和種類的容器及物品。例如：小的柳條編織籃、木盒或紙盒、咖啡罐或茶罐、果醬罐。

2. 加入額外的聽覺效果，可吸引嬰兒注意。例如：豆袋扔入木盒時會產生「砰」的一聲；金屬的果醬瓶蓋扔入金屬的提桶會產生「乓」的一聲。

延伸材料

沙包、乒乓球。

3 把形狀放進洞裡

- 領　　域：動作技能
- 年　　齡：9～12 個月
- 直接目的：發展手眼協調能力
- 間接目的：發展堅持與解決問題
　　　　　　的能力
　　　　　　奠定形狀辨識基礎

材料

1. 工作毯。

2. 托盤。

3. 蓋子上有三個幾何圖形的洞之堅固木盒或紙盒（製作有顯著不同形狀的洞，例如：一個圓形和一個三角形，或一個正方形和一個橢圓形。七個幾何形狀的模型或薄紙板。選擇二個其中一個剛好放入一個洞裡，另一個則剛好放入另一個洞裡。確認每個物品只能剛好放入一個洞裡。）

步驟

1. 將盒子與模型放進托盤，再拿取工作毯。

2. 將工作毯放在嬰兒的面前，將托盤放在工作毯上。

3. 教師坐下，讓嬰兒面向教師，將工作毯放在教師與嬰兒之間。

4. 等待嬰兒將全部的注意力放在教師身上，把盒子與模型從托盤裡拿出放在工作毯上。最後把托盤放在旁邊。

5. 將模型放置在盒子前面排成一排。

6. 拿起第一個模型並檢視它，從嬰兒的左邊到右邊開始移動。

7. 不要馬上把模型放入與它相配的洞裡，而是將模型停在每個洞上操弄數次，用這個方式移動。

8. 最後將模型停在正確的洞上，然後放入盒子裡。

9. 拿其他模型重複剛才的動作。如果嬰兒嘗試去拿一個模型並放入洞裡，協助引導他的手在洞口上操弄模型。

10. 一旦所有模型都放入盒子，暫停動作，並對嬰兒微笑。

11. 慢慢地搖動盒子，然後打開盒蓋並把模型再次取出。

12. 邀請嬰兒放入一個模型。

13. 當嬰兒專注在這個活動時，確保嬰兒在活動過程中不受干擾。

14. 嬰兒結束活動後，將盒子與模型放回托盤，再帶著嬰兒一起將工作毯與材料放回適當位置。

15. 確認材料擺放在明顯的地方，例如，放在矮的櫃子，讓嬰兒下次想玩時可以自己操作遊戲。

1. 逐漸增加盒子上洞的數量到四或五個，每個洞呈現一個不同的形狀。

2. 教師也可以製作或購買一組有四個或五個小且堅固的「形狀盒」，每一個盒蓋上有不同形狀有可移動的蓋子、抽屜或門，讓嬰兒把模型收回盒子時能輕易地打開。購買的木盒經常附有原色的木栓，每個木栓剛好能放進一個洞，包含：三角形、正方形、橢圓形、長方形和圓形。市面上購買的盒子或許有不同的形狀在蓋子和側邊上。

使用坊間教具。

4 「裡面」和「外面」

- ● 領　　域：動作技能
- ● 年　　齡：9～12 個月
- ● 直接目的：精進「內」與「外」的
　　　　　　協調性
- ● 間接目的：發展專注力
　　　　　　發展物體恆存的概念

###

1. 工作毯。
2. 有合適蓋子的咖啡罐（將中性色的布料或紙張黏在罐子外面，確認當嬰兒抓取時罐口的邊緣是平滑和安全的）。
3. 六個木製衣夾（選擇圓頭而非會夾痛嬰兒的衣夾種類）。
4. 籃子。

步 驟

1. 準備材料並拿取工作毯。
2. 將工作毯放在嬰兒的面前，將放置衣夾的籃子放在工作毯上。
3. 教師坐下，讓嬰兒面向教師，將工作毯放在教師與嬰兒之間。
4. 等待嬰兒將全部的注意力放在教師身上，拿起第一個衣夾並檢視它。
5. 緩慢且謹慎地將衣夾從洞放入罐子，搖晃罐子讓裡面的衣夾發出喀喀聲。

6. 用二到三個或更多的衣夾重複動作。

7. 暫停動作並對嬰兒微笑。

8. 從剩下的衣夾堆中拿一個給嬰兒，並邀請他繼續活動。例如，教師說：「換你把衣夾放入罐子。」

9. 給嬰兒時間去檢視衣夾，並試著把衣夾放入罐子裡。

10. 如果嬰兒只有注視而非試著去抓住衣夾，教師可溫柔地引導嬰兒用手將夾子放入罐子。再邀請嬰兒繼續活動。

11. 當嬰兒開始試著把衣夾放入罐子，確保嬰兒在活動中不受干擾。

12. 當所有衣夾都放入罐子後，教師可詢問嬰兒：「需要我幫忙嗎？」再慢慢地將蓋子打開，將衣夾倒回籃子裡，接著將蓋子蓋回去。如果嬰兒繼續將夾子放入罐子，離開讓嬰兒單獨活動。

13. 嬰兒結束活動後，將衣夾放回籃子，再帶著嬰兒一起將工作毯與材料放回適當位置，即為活動結束。

14. 確認材料擺放在明顯的地方。例如，放在矮的櫃子，讓嬰兒下次想玩時可以自己操作遊戲。

延伸變化

1. 咖啡罐可改成蓋子上有圓洞的堅固紙盒或牛奶盒。

2. 收集衛生紙或紙巾的捲筒，用同一顏色的紙捲住，將紙牢牢地黏在上面。在鞋盒或一塊薄的紙板上，切割一或二個捲筒大小的圓洞。邀請嬰兒將捲筒放入洞裡，然後再把它拿出來。

延伸材料

搖籃中放娃娃，指令是「將娃娃放在搖籃裡面」或「將娃娃放在搖籃外面」。

5 堆放各種物品

- 領　　域：動作技能
- 年　　齡：9～12個月
- 直接目的：發展平衡與協調性
- 間接目的：發展專注與解決問題的
　　　　　能力

 材料

1. 工作毯。
2. 籃子。
3. 盒狀物（可堆放的各種物品。例如：可洗的蛋盒、小紙盒、用紙包住的
   咖啡罐、小鞋盒、麥片盒、面紙盒、有蓋的果醬罐、木塊、小海綿坐
   墊）。

步驟

1. 將材料放入籃子並拿取工作毯。
2. 將工作毯放在嬰兒的面前，並將籃子放在工作毯上。
3. 教師坐下，讓嬰兒面向教師，將工作毯放在教師與嬰兒之間。
4. 等到嬰兒注意教師時，從籃子拿出一個物品，並將它放在工作毯上。
5. 拿出另一個物品，並將它放在第一個物品的上面。教師重複動作，直到
   已經將四或五個物品疊成堆。最後將籃子放在旁邊。

6. 將物品堆推倒。對嬰兒微笑，讓他知道推倒是活動的一部分。

7. 把物品聚集在一起，並將它們放在工作毯上。

8. 再次用五或六個物品疊成堆，不要用和第一次相同的順序去堆放物品。

9. 當教師將物品疊成一堆後，邀請嬰兒去推倒它。

10. 請嬰兒把物品放回籃子。

11. 邀請嬰兒繼續剛才的活動，例如，教師可說：「現在換你疊成一堆。」

12. 當嬰兒專注在這個活動時，確保嬰兒在活動過程中不受干擾。

13. 嬰兒結束活動後，將物品放回籃子，再帶著嬰兒一起將工作毯與材料放回適當位置，即為活動結束。

14. 確認材料擺放在明顯的地方。例如，放在矮的櫃子，讓嬰兒下次想玩時可以自己操作遊戲。

1. 用物品做成一座橋或隧道，讓嬰兒知道如何用兩個較短的物品去支撐一個較長的物品。鼓勵嬰兒往用物品做成的橋下或隧道看，或放一個玩具在下面。

2. 在活動中，介紹「堆起來」和「掉下去」這兩個語詞，並做出動作讓嬰兒知道它們代表的意思。

內容物可替換為積木。

6 倒物品

- 領　　域：動作技能
- 年　　齡：9～12 個月
- 直接目的：發展手眼協調能力
- 間接目的：發展專注和語言能力

 材料

1. 工作毯。
2. 托盤。
3. 金屬杯或瓷杯兩個（一個是空的，另一個裝一半的乾麥片。選擇小的杯子讓嬰兒能輕易拿取。選擇麥片是因為若嬰兒吃下較為安全。）

 步驟

1. 將材料準備好，把杯子放進托盤，再拿取工作毯。
2. 將工作毯放在嬰兒的面前，然後把托盤放在工作毯的旁邊。
3. 教師坐下，讓嬰兒面向教師，將工作毯放在教師與嬰兒之間。
4. 等到嬰兒注意教師時，把杯子從托盤中拿出放到工作毯上。最後把托盤放在一旁。
5. 把裝有麥片的杯子拿起來。
6. 慢慢地將麥片倒入空的杯子裡。

7. 暫停動作並對嬰兒微笑。

8. 重複動作將麥片倒回原來的杯子。

9. 邀請嬰兒做這個活動。例如，教師說：「現在換你倒。」

10. 當嬰兒專注在這個活動時，確保嬰兒在活動過程中不受干擾。嬰兒若吃了麥片不要糾正他，如果有需要可多作準備。

11. 嬰兒結束活動後，將杯子放回托盤，再帶著嬰兒一起將工作毯與材料放回適當位置，即為活動結束。

1. 提供三個杯子，要求嬰兒將麥片倒入其他杯子，並與人分享。

2. 提供各種不同的食物。選擇嬰兒可安全食用的食物。例如：葡萄乾、小餅乾。

內容物可替換為小饅頭、葡萄乾、飛機餅乾。

 **拉出來**

● 領　　域：動作技能
● 年　　齡：9～12 個月
● 直接目的：發展良好的動作技巧與
　　　　　　協調性
● 間接目的：認識物體恆存的概念
　　　　　　發展解決問題的能力

1. 工作毯。

2. 15～20 條亮色絲巾，頭尾相接綁在一起當作一條長繩子。

3. 一個容器（例如：裝燕麥或洋芋片的罐子、裝海報的厚紙板圓柱筒），
　 其中一端為密封，另一端有蓋子。蓋子上切一個圓洞，圓洞的邊要平滑
　 以免劃破絲巾。容器外觀可塗上柔和的顏色或黏貼柔和色彩的紙或直接
　 找有洞的瓷器即可。

 步驟

1. 準備一個內裝有絲巾繩的圓柱狀容器，在蓋子的洞口露出一小段絲巾，
　 並拿取工作毯。

2. 將工作毯放在嬰兒的面前，把圓柱狀容器放在工作毯上。

3. 教師坐下，讓嬰兒面向教師，將工作毯放在教師與嬰兒之間。

4. 等待嬰兒將全部的注意力放在教師身上，拿起圓柱狀容器並用雙手握

住。

5. 檢視圓柱狀容器，左右旋轉觀察。

6. 將圓柱狀容器換另一隻手拿，輕輕地將絲巾從蓋子上的洞口向外拉。

7. 持續慢慢且輕輕地拉，直到絲巾繩完全離開圓柱狀容器為止。

8. 讓嬰兒注意這條絲巾繩，教師可以甩一甩這條繩子，讓繩子從手中垂下。最後將繩子放在工作毯上。

9. 慢慢且謹慎地將圓柱狀容器移動至嬰兒視線前，將圓柱狀容器的蓋子打開。把蓋子放在工作毯上。

10. 將絲巾繩放回圓柱狀容器裡，拿起蓋子並將絲巾繩穿過圓洞露出一小段。將蓋子蓋回圓柱狀容器並放在工作毯上。

11. 暫停動作並對嬰兒微笑。

12. 邀請嬰兒做這項活動。例如，教師說：「現在換你把絲巾拿出來。」

13. 給嬰兒足夠的時間進行此活動。

14. 如果嬰兒只是注視卻沒有動作，可詢問：「需要我幫忙嗎？」再溫柔地引導嬰兒用手將絲巾從圓柱狀容器拉出來。當教師感覺到嬰兒投入活動時，輕輕地移開手並讓嬰兒繼續活動。

15. 大部分嬰兒都喜愛將絲巾繩從圓柱狀容器拉出，但是卻無法將絲巾放回容器內。觀察嬰兒是否需要適當的協助。例如，教師可以說：「我可以幫你把絲巾繩放回容器裡面嗎？」放回絲巾和蓋子，然後將圓柱狀容器放回工作毯，讓嬰兒可以拿起它。

16. 重複活動直到嬰兒沒有興趣為止。

17. 嬰兒結束活動後，將絲巾繩放回圓柱狀容器裡，再帶著嬰兒一起將工作毯與材料放回適當位置，即為活動結束。

18. 確認材料擺放在明顯的地方。例如，放在矮的櫃子，讓嬰兒下次想玩時可以自己操作遊戲。

延伸變化

1. 在活動中增加詞彙，介紹語詞「隱藏」和「尋找」。例如，說：「讓我們把絲巾繩藏在圓柱狀容器裡面。」「讓我們來找圓柱狀容器裡的絲巾繩。」

2. 使用不同材料製作繩子。例如：細的紗線、金屬環鍊。

3. 改變活動方式。若嬰兒對於拉絲巾繩有困難，在圓柱狀容器的蓋子上打一個極小的洞。然後，不在容器裡面放絲巾繩，而是使用綁有一長段繩子的小物品。選擇一個嬰兒有興趣的物品，一手舉起圓柱狀容器，另一手拿起繩子，慢慢且謹慎地將物品降下回到圓柱狀容器裡。留下15公分長的繩子在蓋子外，將蓋子放在圓柱狀容器上。對嬰兒的挑戰為移開蓋子和拿出物品（藉由拉繩子或倒出物品）。

延伸材料

利用不同的串珠或線。

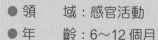

1 吃吃看

- 領　　域：感官活動
- 年　　齡：6～12個月
- 直接目的：感受不同食物的特質
- 間接目的：發展視覺敏銳力
　　　　　　發展手眼協調能力

材料

1. 工作毯。

2. 托盤。

3. 小碗，選擇透明或單一顏色、能讓嬰兒專注在碗裡食物的容器。

4. 放五或六塊相同的食物在碗裡。例如：幾條素色已烹煮的麵條，或其他
   形狀的麵、乾麥片、切開的水果。選擇嬰兒可以安全掌控與食用的食物
   （每次介紹這項活動時，可變化食物的種類與數量，也可改變碗的形
   狀，例如：某次在圓的碗裡放切成塊的水果，下次則在方形的碗裡放煮
   好的通心粉）。

5. 小餐巾（能擦拭雙手）。

步驟

1. 將嬰兒餅乾放入碗裡，把碗放進托盤，並拿取工作毯。

2. 進行這項活動時，嬰兒會喜歡將食物放入嘴裡，故在介紹活動之前，教

師要先帶嬰兒一起洗手。

3. 將工作毯放在嬰兒的面前，再把托盤放在工作毯旁邊。

4. 教師坐下，讓嬰兒面向教師，將工作毯放在教師與嬰兒之間。

5. 等待嬰兒將全部的注意力放在教師身上時，從托盤裡拿出碗與小餐巾放在工作毯上。將托盤放在旁邊。

6. 從碗裡拿出一塊餅乾，握在手上，例如：拿起餅乾並搖一搖，然後將它放回碗裡。

7. 暫停動作並對嬰兒微笑。

8. 從碗裡拿出另一塊麵條，例如：可以用手拉直麵條。

9. 將食物再次放回碗裡，然後用餐巾擦拭雙手。

10. 將碗推向嬰兒可以抓握的範圍，邀請嬰兒去檢視食物。例如，教師說：「現在換你試試看。」

11. 當嬰兒專注在這個活動時，確保嬰兒在活動過程中不受干擾。如果嬰兒吃下食物或做錯，不要糾正他。

12. 嬰兒結束活動後，將食物放回碗裡，並將碗與餐巾放回托盤，再帶著嬰兒一起將工作毯與材料放回適當位置，即為活動結束。

延伸變化

1. 食物的選擇可以換成水果、蛋糕，口味也可以選用酸甜的口感，來刺激孩子的味覺及視覺。

2. 某些年紀較大的嬰兒已發展手眼協調能力，會使用鑷子夾東西。可邀請嬰兒用鑷子將幾塊食物從碗裡夾出，並放到盤子上或另一個碗裡。

2 辨別聲音的高低

● 領　　域：感官活動
● 年　　齡：6～9 個月
● 直接目的：體驗不同的聲音高低
● 間接目的：發展情感與人際互動技巧

 材料

1. 適合嬰兒語詞的歌曲，選擇較短、歌詞重複的歌曲。例如： *Mary Had a Little Lamb*、*Twinkle, Twinkle, Little Star*、*In and Out the Window*。

 步驟

1. 抱住嬰兒，並等待嬰兒將全部的注意力放在教師身上。
2. 注視嬰兒的雙眼，安靜地唱所選的歌曲。為了讓嬰兒能專注在歌聲，不要有動作或手勢。
3. 當教師唱完歌曲，暫停動作。然後再唱這首歌，這次改變聲音的聲調。例如，用較高的聲音或較低的聲音或耳語。
4. 重複活動直到嬰兒沒有興趣為止。

延伸變化

1. 當教師唱歌時，逐漸溫柔地改變嬰兒的姿勢。例如：靠近教師的右
   肩膀、靠近左肩膀、躺下。當嬰兒轉身聆聽歌聲時，對他微笑。
2. 可以用敲打物品來呈現聲音的高低，例如：樂器、水杯……等。

3 認識圖案

- 領　　域：感官活動
- 年　　齡：6～9個月
- 直接目的：發展視覺敏銳力
- 間接目的：發展專注力

 材料

1. 工作毯。

2. 托盤。

3. 用五張 5×7 尺寸的紙張製成小冊子：二張全黑、二張全白，一張上面有重複相同的形狀（有黑底白圖或者白底黑圖，例如：三角形、正方形、圓點、長波浪線段、十字形、條狀、星星）。將每一頁貼在厚紙板上，加上圓形的金屬環，以便教師能改變書頁順序和增加或減少頁數。）

4. 有鮮明圖案的小冊子。

 步驟

1. 將小冊子準備好。

2. 將小冊子放在托盤，並拿取工作毯。

3. 將工作毯放在嬰兒的面前，再把托盤放在工作毯旁邊。

4. 坐下抱住嬰兒或讓嬰兒靠坐在教師旁邊，兩人都面向工作毯。

5. 從托盤裡拿出小冊子，放在工作毯上。將托盤放到旁邊。

6. 從工作毯上拿起小冊子，在嬰兒面前舉起。

7. 慢慢地翻頁。

8. 觀察嬰兒對每一頁的反應。當教師翻到有圖案的那頁，嬰兒很可能會有某些反應。例如，發出聲音、扭動、揮動雙手或踢腳。

9. 給嬰兒時間去注視頁面，然後繼續翻動。

10. 重複活動，直到嬰兒沒有興趣為止。

11. 當嬰兒結束活動後，將小冊子放回托盤，再帶著嬰兒一起將工作毯與材料放回適當位置，即為活動結束。

12. 確認材料擺放在明顯的地方。例如，放在矮的櫃子，讓嬰兒下次想玩時可以自己操作遊戲。

延伸變化

1. 定期改變呈現的圖案書頁。

2. 可增加冊子的頁數到十頁，這讓嬰兒能專注在有圖案的頁面並學習去尋找它。

3. 藉由從毛茸茸的布料、砂紙、硬紙板、木板或厚紙板剪下相同的形狀，然後將它們黏在同色的紙張上，將材質加入這個活動。

4. 改用有動物影子圖案的小冊子。

4 敲一敲

- 領　　域：感官活動
- 年　　齡：6～9 個月
- 直接目的：發展分辨不同聲音的能力
- 間接目的：發展動作技能

1. 工作毯。
2. 托盤。
3. 大金屬鍋。
4. 兩個不同材質的長湯匙（確認它們敲擊鍋子時會發出不同聲音。例如：木製與塑膠、金屬與木製。）

1. 先準備材料，將它們放進托盤裡，並拿取工作毯。
2. 將工作毯放在嬰兒的面前，將托盤放在工作毯旁邊。
3. 坐下抱住嬰兒或讓嬰兒靠坐在教師旁邊，並面向工作毯。
4. 從托盤中拿出鍋子和湯匙，在工作毯上排成一列，最後將托盤放在旁邊。
5. 拿起其中一支湯匙，用它慢慢且輕輕地敲鍋子的外面。

6. 再敲一次鍋子，這次稍微更大聲和快速。

7. 把湯匙放回托盤。

8. 拿起另一支湯匙，並重複輕敲的過程。

9. 將第二支湯匙放回毯子上。

10. 暫停動作並對嬰兒微笑。

11. 邀請嬰兒參與活動，例如，教師說：「現在換你拿起湯匙和輕敲鍋子。」

12. 當嬰兒專注在這個活動時，確保嬰兒在活動過程中不受干擾。如果嬰兒沒有操作活動的話，不要糾正或引導他。

13. 當嬰兒結束活動後，將材料放回托盤，再帶著嬰兒一起將工作毯與材料放回適當位置，即為活動結束。

14. 確認材料擺放在明顯的地方，例如，放在矮的櫃子，讓嬰兒下次想玩時可以自己操作遊戲。

延伸變化

1. 改變輕敲的器皿，例如：鼓；紙箱；裝半滿水的小桶；裝有半滿豆子、米或彈珠的罐子；厚木板；木琴，讓孩子可以聽聽不同的聲音。

2. 使用不同的物品來敲，例如：攪拌器、管子、夾子、抹刀。

3. 在活動中運用語詞，像是在敲打器皿時，可以讓嬰兒知道什麼是「大聲」、「小聲」。

5 摸一摸布料

● 領　　域：感官活動
● 年　　齡：6～9個月
● 直接目的：發展觸覺能力
● 間接目的：發展視覺敏銳力
　　　　　　增進動作技能

 材料

1. 工作毯。

2. 二或三塊有趣且不同材質的布料。例如：小的花邊毯子（大部分的嬰兒對花邊感興趣）；地毯樣品；浴巾或毛巾；天鵝絨、圈織物、棉織絨、厚綿、緞、絲和燈芯絨的布料；竹製墊布；紗布；毛皮。為增加嬰兒專注在材質而非色彩的可能性，選擇同一或相似顏色的物品。

 步驟

1. 將每塊布料放在籃子裡，並拿取工作毯。

2. 將工作毯放在嬰兒的面前，將籃子放在工作毯旁邊。

3. 坐下抱住嬰兒或讓嬰兒靠坐在教師旁邊，兩人都面向工作毯。

4. 從籃子裡拿出布料，並在工作毯上排成一列，將籃子放在旁邊。

5. 拿起第一塊布料，用各種方法檢視它，盡可能讓嬰兒專注活動。例如：用手觸摸；用布輕觸教師和嬰兒的臉；短暫地放在教師和嬰兒的頭上

（如果長時間遮住教師的臉，大部分這個年紀的嬰兒會感到驚恐）；轉動布。一起檢視布料的特徵，例如：在毯子上的流蘇或天鵝絨上的絨毛等。

6. 將布料放回工作毯上。

7. 拿起第二塊布料並重複剛才的活動，接著是第三塊。

8. 當教師與嬰兒已經檢視完所有的布料，將工作毯上的布料推向嬰兒。允許嬰兒靠近布料並檢視它。

9. 一旦嬰兒專注在這個活動上，安靜地離開，讓嬰兒自己探索布料。

10. 當嬰兒結束活動後，將布料放回籃子，帶著嬰兒一起將工作毯與材料放回適當位置，即為活動結束。

11. 確認材料擺放在明顯的地方，例如，放在矮的櫃子，讓嬰兒下次想玩時可自行操作遊戲。

延伸變化

1. 提供不同種類與材質的非布料物品。例如：橡膠地墊、地毯樣品、大粉撲、毛刷、鞋刷、菜瓜布、竹製墊布、砂紙、網子、瓦楞紙、草編毯、軟木模型、仿麂皮或皮革。為讓嬰兒專注在材質而非色彩，盡可能選擇同一顏色或相似顏色的物品。

2. 提供二或三項對照的材質。例如：提供粉撲和塑膠地墊。

3. 把一些特徵明顯的物品集中在嬰兒經常移動的區域。例如：將草編毯綁在一起、將塑膠地墊和軟木模型製成方陣或排成一列讓嬰兒爬行或探索。為維持嬰兒的注意力與興趣，每隔幾日就改變方陣的材質或種類。

4. 製作布料小書讓嬰兒去觀察。每頁有不同材質的布料紙卡在兩側。在書頁上添加幾個釦環，方便教師可以改變書頁的次序及增加或移動頁數。

5. 在活動中加入語詞或介紹字詞，例如：「柔軟的」、「粗糙的」、「顛簸的」、「平滑的」、「毛毛的」。

 **6 採集大自然物品**

● 領　　域：感官活動
● 年　　齡：9～12個月
● 直接目的：體驗在大自然裡找東西
　　　　　　的能力
● 間接目的：發展專注力發展
　　　　　　記憶力和語言技巧

 材料

1. 提籃。使用提籃收集在散步時所發現的大自然物品。

 步驟

1. 開始大自然散步時，讓嬰兒看提籃，並對嬰兒說明它是用來裝散步時找到的東西。如果嬰兒想要，允許他提籃子。

2. 散步時跟隨嬰兒的腳步。盡量小聲說話，在需要時才介入。

3. 當嬰兒撿起東西並觀察它時，邀請嬰兒將它放入籃子。

4. 鼓勵嬰兒收集三到四項東西。例如：樹枝、枯葉、花瓣、松果、果樹的花、沙子、石頭、泥土、貝殼或羽毛。當嬰兒將物品放入籃子時，告訴嬰兒那是什麼。

5. 回到室內時，教師和嬰兒再次觀察這些物品。確認這些物品在抓握時是安全的，且要近距離注意嬰兒，以免嬰兒將物品放入口中。

6. 當嬰兒結束活動後，將物品放回籃子，帶著嬰兒一起將材料放回適當位

置，即為活動結束。

7. 確認材料擺放在明顯的地方，例如，放在矮的櫃子，讓嬰兒下次想玩時可自行操作遊戲。當嬰兒使用物品時，小心地監督嬰兒，當物品毀損、變髒和不安全時將它移除。

1. 鼓勵嬰兒盡可能使用多種感官，有時散步只專注在某種感官能力（例視覺、觸覺、味覺）的感官上。例如，某天收集可發出氣味的東西，像是樹的汁液、一朵花或松果；或是收集特定顏色的東西，像是紅色、綠色、黃色、白色或棕色；或是尋找會發光的東西，像是一顆在陽光下發亮的石頭。

2. 一旦嬰兒在辨認與命名收集的物品上已經發展某些經驗，可要求嬰兒從容器裡找出特定的物品並拿給教師。例如，說：「請給我這個……葉子。謝謝你！現在請給我這個……樹枝。謝謝你！」諸如此類。

3. 將物品黏在一張厚的作圖紙上。這張紙提供數種用途：嬰兒可以觀賞和觸摸並回憶哪些物品是在大自然散步時收集的，也可以練習辨認與命名收集到的物品。最後，嬰兒可以將這張紙帶回家和家人與朋友分享經驗。

4. 步驟內容可以改為找出指定物品的方式來進行。

7 體驗「溫暖」和「冰涼」

- 領　　域：感官活動
- 年　　齡：9～12 個月
- 直接目的：發展不同溫度的感覺
- 間接目的：增進語言詞彙

 材料

1. 工作毯。

2. 托盤。

3. 兩個相同的碗，都裝半滿的水。一個碗裝「不燙」的溫水，另一個裝冰水。確認碗裡的水溫感覺有明顯的不同。

4. 海綿或抹布，用來擦拭灑出的水。

 步驟

1. 先準備好碗，將碗和海綿或抹布放到托盤並拿取工作毯。

2. 針對這個活動，選擇可以輕易將水擦拭乾淨的地方。將工作毯放在嬰兒的面前，並將托盤放在工作毯旁邊。

3. 教師坐下，讓嬰兒面向教師，將工作毯放在教師與嬰兒之間。

4. 從托盤中拿出碗，並將它們放在離工作毯邊緣約八公分、離嬰兒最遠的地方。將托盤與海綿或抹布放在旁邊。

5. 當嬰兒注意教師時，把裝有溫水的碗推向嬰兒，直到距離夠近讓他可以觸摸到。在溫水裡扭動手指，用濕的手指碰自己的臉頰、感覺碗的外側，輕聲且簡單地描述這個感覺。例如，說：「水感覺起來很溫暖。」

6. 鼓勵嬰兒在水裡扭動手指，並感覺碗的外側。

7. 給嬰兒時間去探索溫暖的水。

8. 把裝有冰水的碗推向嬰兒，直到距離夠近讓他可以觸摸到。在冰水裡扭動手指，用濕的手指碰自己的臉頰、感覺碗的外側，再次輕聲且簡單地描述這個感覺。例如，說：「水感覺起來很冰涼。」

9. 再次鼓勵嬰兒在水裡扭動手指，並感覺碗的外側。

10. 當嬰兒開始專注在水時，安靜地離開，讓嬰兒自己探索兩碗水，直到嬰兒沒有興趣為止。

11. 當嬰兒結束活動後，提供海綿或抹布讓嬰兒擦拭灑出的水，需要時給予幫忙。將碗和海綿或抹布放回托盤，帶著嬰兒一起將材料放回適當位置，即為活動結束。

延伸變化

1. 帶嬰兒在房間或戶外四處走動，感受「溫暖」和「冰冷」的事物。例如：室內的午餐或冰塊；戶外溫暖的石頭或是冰涼的單槓。

2. 改變用來裝熱和冷的容器。例如，使用保溫瓶，一個裝很熱的水而另一個裝冰水。

3. 增加語言活動，介紹「熱」和「冷」。

4. 用湯匙舀出來的方式，來試碗裡水的溫度。

5. 利用冰敷袋或熱敷袋來體驗各種不同溫度。

四、語文領域

❤ ① 辨認常見物品

- 領　　域：語言活動
- 年　　齡：6～9個月
- 直接目的：辨認書中常見的物品
- 間接目的：發展視覺和動作技能
　　　　　　奠定掌控書本的基礎

 (材)(料)

1. 工作毯。

2. 籃子。

3. 含有五張嬰兒常見、簡單、真實或實物照片的小圖畫書。盡可能多去選擇單音節名字的物品。例如：貓、父母臉部照片、杯子、湯匙、球、狗、積木。

▶▶小書製作：將每一張圖片放在奇數頁，讓偶數頁留白。小書應該要引人入勝，並足夠堅固，讓嬰兒能經常且熱情地使用。每一頁使用現有的厚紙卡或海報板，用膠水貼上每張圖案或照片。為了其他延伸活動，將每一頁製成薄板。使用金屬環將書頁掛在一起，以便能輕鬆地增加或移動書頁。藉由在封面放上一張與小冊子內容相同的照片，讓小冊子更容易辨認。

▶▶現成的書本或圖卡，描述方式如：這是時鐘；這是雨傘、鬧鐘、手機、氣球……等。

步驟

1. 先將書放在籃子並拿取工作毯。

2. 將工作毯放在嬰兒的面前,並將籃子放在工作毯上。

3. 坐在嬰兒旁邊,臉面向工作毯。

4. 從籃子裡拿出書並放在工作毯上,讓教師與嬰兒都能輕易地看見書頁。將籃子放在旁邊。

5. 翻開書的第一頁。觸摸照片並慢慢且清楚的命名。小聲地說,使用簡單的語言。例如,說:「貓。」

6. 慢慢地翻頁並重複這個過程。

7. 如果嬰兒抓住了書,就讓他去觀察。根據孩子注視的頁面,適時的教圖片上的物品名稱。

8. 繼續活動,直到你命名完全部圖案。

9. 如果嬰兒還有興趣,再重複活動一次。可將書拿給嬰兒,允許他自己去觀察。

10. 當嬰兒結束活動後,將書放回籃子裡,帶著嬰兒一起將工作毯與材料放回適當位置,即為活動結束。

11. 確認材料擺放在明顯的地方,例如,放在矮的櫃子,讓嬰兒下次想玩時可自行操作遊戲。

延伸變化

1. 在教師介紹這個活動幾次後,或如果教師注意到嬰兒嘗試去模仿教師並觸摸圖案,像往常一般進行這個活動,命名並觸摸每一張圖案。然後,翻開第一頁並詢問嬰兒:「□□在哪裡?」安靜地等待回答。如果嬰兒觸摸這張圖片來回覆問題,微笑並堅定回答:「是的,那是□□。」如果嬰兒沒有觸摸這張圖片來回覆問題,重複這個問題,暫停一下,並說:「有一個□□!」然後繼續這個活動。

2. 一旦教師知道什麼圖案是嬰兒能分辨的,邀請嬰兒在其他書中觸摸相似的圖案。

3. 將嬰兒最喜歡的圖案黏貼在一個盒子或圓柱狀的容器上,帶回家與家人分享。

4. 可更換圖案,例如:家人照片、人物、同學照片、老師照片、日常生活用品:書包、尿布、奶瓶、水杯、交通工具、動物、植物、水果、蔬菜、電器用品。

② 在喜愛的故事加入聲效

- 領　　域：語言活動
- 年　　齡：9～12 個月
- 直接目的：增進語言理解能力
- 間接目的：發展人際與知覺技巧

 材料

1. 工作毯。

2. 籃子。

3. 含有照片或實物圖案（非卡通或動畫動物人物）的書，搭配很簡單的文字或無文字。如果是無文字，當教師進行活動時可以編一個簡單的故事。如：敲敲「ㄅㄨㄥ　ㄅㄨㄥ」、下雨「ㄒㄧ　ㄌㄧ　ㄒㄧ　ㄌㄧ」、蒸汽火車「ㄅㄨ　ㄅㄨ　ㄑㄧ　ㄑㄧㄚˋ　ㄑㄧ　ㄑㄧㄚˋ」、鳥「ㄐㄧㄡ　ㄐㄧㄡ」……等。依照圖片發出聲音。

 步驟

1. 先將書放入籃子，並拿取工作毯。

2. 將工作毯放在嬰兒的面前，並將籃子放在工作毯上。

3. 坐在嬰兒旁邊，臉面向工作毯。

4. 從籃子裡拿出書，並將籃子放在旁邊。

5. 在嬰兒面前舉起書。

6. 當嬰兒注意時，翻開書頁，慢慢且清楚地說出書中的故事。辨認和命名
   這些圖片。在任何可能的時間，加入簡單的聲音效果讓嬰兒可以模仿，
   像是小鳥「ㄐㄧㄨ　ㄐㄧㄨ」的叫聲、小狗「汪汪」的叫聲或「咕咕」
   的公雞聲。

7. 鼓勵嬰兒模仿教師。例如，問說：「公雞說了什麼呢？」給嬰兒足夠的
   時間回應。

8. 如果嬰兒抓住了書，讓他去觀察它。在嬰兒注視頁面的時候，重新開
   始。

9. 如果嬰兒仍有興趣，再重複活動一次。然後將書拿給嬰兒，允許他自己
   去觀察。

10. 當嬰兒結束活動後，將書放回籃子裡，然後帶著嬰兒一起將工作毯與材
    料放回適當位置，即為活動結束。

11. 確認材料擺放在明顯的地方，例如，放在矮的櫃子，讓嬰兒下次想玩時
    可自行操作遊戲。

延伸變化

更換圖案、各種不同類別的書籍，例如：
- 家人照片、人物
- 同學照片、老師照片
- 日常生活用品：書包、尿布、奶瓶、水杯
- 交通工具
- 動物
- 植物
- 水果
- 蔬菜
- 電器用品

 **命名遊戲**

- 領　　域：語言活動
- 年　　齡：9～12 個月
- 直接目的：增進語彙和發展語言技巧
- 間接目的：發展群組的概念
　　　　　　發展聽的能力與協調性

 材料

1. 工作毯。
2. 籃子。
3. 兩個仿真的木製或塑膠動物。選擇兩個能發出特殊不同聲音的動物，像是狗和乳牛。一次只使用一種動物類別，像是叢林動物、豢養動物或寵物。
4. 敘述方式如：「牛，四隻腳，哞～吃草。」；「小狗，四隻腳、汪～汪～吃骨頭。」讓幼兒辨認，依舊經驗再加新經驗，留一隻動物再加一隻不同的。

 步驟

1. 先將動物放進籃子，並拿取工作毯。
2. 將工作毯放在嬰兒的面前，並將籃子放在工作毯上。
3. 教師坐下，讓嬰兒面向教師，將工作毯放在教師與嬰兒之間。

4. 從籃子裡拿出動物並放在工作毯上。將籃子放在旁邊。

5. 從工作毯上拿起一隻動物。舉起讓嬰兒能看見，並分辨這個動物的類別。例如，說：「這種動物居住在農場。」

6. 給動物命名並模仿牠可能發出的聲音。例如，說：「乳牛，哞哞。」當教師說話時，移動這隻動物。

7. 將這隻動物拿給嬰兒。一旦嬰兒握住動物時，說出動物的類別，再說名字與聲音。

8. 邀請嬰兒模仿聲音。例如，問說：「乳牛在農場會說什麼？」給嬰兒足夠的時間去回應。不要誘導嬰兒。如果嬰兒無法發出這個聲音，單純地繼續這個活動。

9. 當嬰兒放下動物時，將動物放回工作毯上。

10. 拿起第二隻動物並重複這個過程。

11. 當教師已經說出第二隻動物的名字與聲音，允許嬰兒握住並觀察兩隻動物。一旦嬰兒專注在動物上，教師安靜地移到旁邊，讓嬰兒自己探索不受干擾。

12. 當嬰兒結束活動後，讓嬰兒將動物放回籃子裡，然後帶著嬰兒一起將工作毯與材料放回適當位置，即為活動結束。

13. 確認材料擺放在明顯的地方，例如，放在矮的櫃子，讓嬰兒下次想玩時可自行操作遊戲。

延伸變化

1. 當嬰兒獲得經驗與技巧後，逐漸增加籃子裡的動物數量。確認這些動物只屬於一個類別——全都是豢養動物或全都是叢林動物，諸如此類。

2. 藉由教唱一首動物歌曲將此活動完成。例如，改編「王老先生有塊地」的旋律，加入教師已經介紹過的動物名字。

3. 當嬰兒獲得經驗與技巧，加入其他的類別，像是鳥類（例如：知更鳥、松鴉、烏鴉）、運輸工具（例如：消防車、垃圾車、牽引機）或昆蟲（例如：螞蟻、蛀蟲、蝴蝶）。如果這些物體無法發出明顯的聲音，簡單地教物品的名字當作增進嬰兒語彙的方式。

4. 更換圖案、各種不同類別的書籍，例如：家人照片、人物、同學照片、老師照片、日常生活用品：書包、尿布、奶瓶、水杯、交通工具、動物、植物、水果、蔬菜、電器用品。

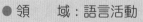

4 東西在哪裡

- 領　　域：語言活動
- 年　　齡：9～12 個月
- 直接目的：學習理解並遵從指示的能力
- 間接目的：發展物體恆存的認知能力
　　　　　　發展專注力與動作技能

 材料

1. 工作毯。
2. 托盤。
3. 毛巾。
4. 能被毛巾遮住的物體，例如：球。

 步驟

1. 先將物體放入盒子，並拿取工作毯。
2. 將工作毯放在嬰兒的面前，並將盒子放在工作毯上。
3. 教師坐下，讓嬰兒面向教師，將工作毯放在教師與嬰兒之間。
4. 等到嬰兒注意教師時，從盒子裡拿出物體，放在工作毯上盒子的前面。
5. 拿起物體並觀察它。
6. 將物體拿給嬰兒觀察。給嬰兒足夠的時間去觀察這個物體。
7. 請嬰兒把物體拿給教師。

8. 教師將物體舉高，直到嬰兒再次專注在這個物體上。

9. 告訴嬰兒即將要隱藏這個物體。例如，說：「看著這顆球，我馬上要將它藏起來。」

10. 將物體維持在嬰兒的視線，慢慢且謹慎地在手邊移動並藏住一部分物體，例如：盒子右側的後面。確認至少露出一半的物體在盒子外面。

11. 暫停動作並對嬰兒微笑。

12. 請嬰兒重新找回這個物體。例如，說：「現在換你找出這顆球。」

13. 給嬰兒足夠的時間去找回並觀察這個物體。

14. 如果嬰兒並未嘗試去找回物體，溫柔地引導嬰兒的手去觸摸物體，並將它拿起。

15. 請嬰兒給教師這個物體。然後重複這個活動，這次將物體放在不同的地方，例如：藏在盒子的左側。

16. 重複活動直到嬰兒沒有興趣為止。

17. 當嬰兒結束活動後，將物體放回盒子裡，然後帶著嬰兒一起將工作毯與材料放回適當位置，即為活動結束。

18. 確認材料擺放在明顯的地方，例如，放在矮的櫃子，讓嬰兒下次想玩時可自行操作遊戲。

延伸變化

1. 每次進行此活動時，將物體隱藏更多，直到這個物體完全離開嬰兒的視線。

2. 替換物品：
   - 日常生活用品：書包、尿布、奶瓶、水杯
   - 交通工具　●動物　●植物　●水果　●蔬菜　●電器用品

3. 替換覆蓋物或容器：盒子、布、袋子。

5 認識物品的名稱

- 領　　域：語言活動
- 年　　齡：9～12 個月
- 直接目的：發展分辨物品的能力
- 間接目的：發展認知與動作技能
　　　　　　認識物品的名稱、特性
　　　　　　及用途

 (材)(料)

1. 托盤。

2. 兩個餵食的器具：湯匙和碗。

3. 教師示範即可，敘述方式如：「碗——裝飯用的。」「湯匙——舀飯的
   湯匙。」

 (步)(驟)

1. 先將物品放在托盤上，排成一列。

2. 教師坐下，讓嬰兒面向教師。

3. 等到嬰兒注意教師時，將托盤拿起並觀察它，然後為它命名。例如，
   說：「這是一個用來裝東西的托盤。」

4. 從托盤裡拿出第一個物品。

5. 在嬰兒面前將物品舉高，並為它命名。使用簡單的語言，清楚且慢慢地
   說。例如，說：「湯匙。」觀察這個物品並簡單地形容它：「當我想吃

東西時我會使用這個湯匙。」

6. 將這個物品拿給嬰兒。

7. 給嬰兒足夠的時間去觀察這個物品，然後請嬰兒將這個物品放回托盤。確認物品放回托盤，向嬰兒說「謝謝」。

8. 用另外兩個物品重複此活動。

9. 將這些物品從托盤裡拿出。暫停動作並對嬰兒微笑。

10. 請嬰兒從托盤上拿起一個特定的物品。例如，說：「請找出湯匙並將它放回托盤。」

11. 如果嬰兒找出正確的物品，微笑並說：「是的，湯匙。」如果嬰兒拿錯了，不要糾正他，但可簡單地說：「謝謝你拿碗給我，現在你可以找出湯匙並將它放回托盤嗎？」

12. 重複活動直到嬰兒沒有興趣為止。

13. 當嬰兒結束活動後，將材料放回托盤，然後帶著嬰兒一起將材料放回適當位置，即為活動結束。

14. 確認材料擺放在明顯的地方，例如，放在矮的櫃子，讓嬰兒下次想玩時可自行操作遊戲。

延伸變化

1. 使用嬰兒每天看見與使用的相似物品來替代。例如：圍兜、餐巾環、叉子。

2. 當嬰兒正確分辨物品並將它們放入籃子內、獲得經驗與技巧後，增加物品的數量與複雜性。
   首先，選擇嬰兒容易發音的字，從以下這些聲母開始：m、b、t、d。這些是嬰兒能自然發出的聲音。例如：寶寶、貓、車車、汪汪、球球、飯飯。然後進行更複查的單字。

6 分辨物品

- 領　　域：語言活動
- 年　　齡：9～12 個月
- 直接目的：發展聽的能力
- 間接目的：發展專注力

 材料

1. 工作毯。

2. 托盤。

3. 兩個相同顏色的不同物品。選擇嬰兒已經熟悉的物品，像是球和積木。

4. 準備「我看見」或「我發現」的歌曲。

 步驟

1. 先將物品放在托盤，並拿取工作毯。

2. 將工作毯放在嬰兒的面前，並將托盤放在工作毯旁邊。

3. 教師坐下，讓嬰兒面向教師，將工作毯放在教師與嬰兒之間。

4. 等到嬰兒注意教師時，從托盤拿出一個物品，放在工作毯上。這時候將托盤和其他物品放在旁邊。

5. 唱或說一段韻文描述這個物品。為了效果，在每一句描述之後暫停。例如，說：「我用小眼睛觀察到一些東西，那是……圓的……和有彈性的

……且我可以滾動它。這是什麼呢？」然後伸手拿起這顆球。用手摸球，讓球滾動，並且在教師手上來回轉動。

6. 邀請嬰兒來拿這個球。給嬰兒足夠的時間去觀察它。

7. 請嬰兒將球放回工作毯。

8. 拿起球並將它放在托盤上。

9. 從托盤拿出第二個物品，並將它放在工作毯上。

10. 唱或說一段韻文描述這個物品。為了效果，在每一句描述之後暫停。例如，說：「我用小眼睛觀察到一些東西，那是……正方形的……和堅硬的……且我可以用它蓋出一個塔。這是什麼呢？」然後伸手拿起這個積木。用手摸積木，用積木輕敲地板，並且在手上來回轉動。

11. 邀請嬰兒來拿這個積木。給嬰兒足夠的時間去觀察它。

12. 當嬰兒已經結束觀察，將兩個物品同時放在工作毯上。

13. 唱或說一段韻文描述其中一個物品，然後請嬰兒拿起那個物品。不要糾正或引導嬰兒。如果嬰兒拿起錯誤的物品，簡單地謝過嬰兒，將這物品放在一旁，然後繼續。例如，說：「謝謝你的球，它是圓的且有彈性的。現在我用小眼睛觀察到一些東西，那是……正方形的……和堅硬的……且我可以用它蓋出一個塔。你可以把它拿給我嗎？」

14. 在重複動作之後，讓嬰兒觀察這個物品，確保他不受干擾。只要嬰兒開始專注在這個物品上，安靜地離開，讓嬰兒自己去探索。

15. 當嬰兒結束活動後，將物品放回托盤，然後帶著嬰兒一起將工作毯和材料放回適當位置，即為活動結束。

16. 確認材料擺放在明顯的地方，例如，放在矮的櫃子，讓嬰兒下次想玩時可自行操作遊戲。

🦆 延伸變化

1. 當嬰兒獲得經驗和技巧後，增加提供熟悉的物品數量到五或六個。

2. 當嬰兒獲得經驗和技巧後，可選擇嬰兒不熟悉的物品。

3. 替換物品：不同形狀、日常生活用品、交通工具、動物、植物、水果、蔬菜、電器用品。

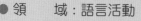 **7 敲敲打打數數量**

- 領　　域：語言活動
- 年　　齡：9～12 個月
- 直接目的：學習數數的能力
- 間接目的：發展聽的能力和協調性

 材料

1. 工作毯。
2. 托盤。
3. 金屬平底鍋或一些敲擊時會發出有趣聲音的物品。例如：有蓋的果醬罐、罐頭（半滿或全滿）、木頭積木、小鼓。
4. 湯匙或其他的器具，用來敲擊。
5. 簡易數數的歌曲。
6. 敘述方式如：「敲、敲、一、二！」或「敲！敲！敲！一、二、三！」數一敲一下，數二敲兩下，數三敲三下，以此類推，可更換敲擊物或被敲擊物。

 步驟

1. 先將鍋子和湯匙放在托盤，並拿取工作毯。
2. 將工作毯放在嬰兒的面前，將托盤放在工作毯上。

3. 坐在嬰兒旁邊，臉面向工作毯。

4. 從托盤拿出湯匙和鍋子，將它們放在工作毯上，將托盤放在旁邊。

5. 拿起湯匙，慢慢且謹慎地輕敲鍋子兩次。小聲地唱或說一段韻文來描述正在做的事。例如，說：「敲，敲。一，二。」

6. 慢慢且謹慎地輕敲鍋子三次。再唱或說一段韻文來描述正在做的事。例如，說：「敲，敲，敲。一，二，三。」

7. 慢慢且謹慎地輕敲鍋子四次。現在說：「敲，敲，敲，敲。一，二，三，四。」

8. 將湯匙拿給嬰兒。

9. 重複敲擊和數數，這次引導嬰兒的手握住湯匙。

10. 重複第三次。這次，繼續數數，等嬰兒有意願時去敲擊它。

11. 當教師已經完成第三次的重複活動，讓嬰兒自己去觀察這個鍋子和湯匙。

12. 當嬰兒結束活動後，將湯匙和鍋子放回托盤，然後帶著嬰兒一起將工作毯和材料放回適當位置，即為活動結束。

13. 確認材料擺放在明顯的地方，例如，放在矮的櫃子，讓嬰兒下次想玩時可自行操作遊戲。

延伸變化

1. 替換敲打物
2. 拍手
3. 踏腳
4. 彈奏樂器

五、社會領域

1 摸一摸

- 領　　域：社會活動
- 年　　齡：3～6個月
- 直接目的：發展自信心
- 間接目的：發展手眼協調

    開始認識幾何圖形

 材料

1. 工作毯。

2. 籃子。

3. 有顯著幾何圖形的長絲巾或圍巾。為了讓嬰兒專注在圖案上，選擇最多不超過二到三種顏色的長絲巾或圍巾。即使很小的嬰兒也能分辨顯著的圖形並被它們吸引。

 步驟

1. 先將圍巾放在籃子，並拿取工作毯。

2. 將工作毯放在嬰兒的面前，將籃子放在工作毯上。

3. 教師坐下，讓嬰兒能面向教師。

4. 等待嬰兒將全部的注意力放在教師身上。

5. 微笑並輕聲叫嬰兒的名字，向他打招呼。

6. 從籃子拿出圍巾，將它放在工作毯上。將籃子放在旁邊。

7. 從工作毯上拿起圍巾，將它隨性地圍在自己的脖子上。

8. 慢慢地搖晃圍巾一邊的尾端。

9. 如果嬰兒靠近圍巾，允許嬰兒抓住它。

10. 如果嬰兒沒有伸出手去觸摸圍巾，老師搖晃圍巾，並用它觸碰嬰兒其中一隻手。

11. 當嬰兒抓住圍巾時，微笑並用一句話鼓勵嬰兒。例如，說：「你碰到圍巾了！」

12. 讓嬰兒去拉這條圍巾。

13. 當嬰兒放下圍巾時，重複這個活動，用另一端圍巾觸碰嬰兒的手。

14. 重複活動直到嬰兒沒有興趣為止。

15. 當嬰兒結束活動後，將圍巾放回籃子裡，然後帶著嬰兒一起將工作毯和材料放回適當位置，即為活動結束。

延伸變化

1. 改變教師圍在脖子上的物品。例如：牢固的串珠項鍊、紙環項鍊，或是鈴鐺。確認使用的材料沒有窒息的危險，並且安全地綁在一條緞帶或細繩上。

2. 將一般旋轉吊飾拆成一根一根如釣竿狀，運用吊飾上的物品在嬰兒眼前揮動，讓嬰兒伸手抓住物品，可依嬰兒能力調整搖晃速度。

3. 如果嬰兒緊緊抓住這個物品，溫柔地拉這個物品。如果嬰兒放手，再一次懸吊這個物品去碰觸嬰兒的手，鼓勵他重複活動。

2 學習安靜的活動

- 領　　域：社會活動
- 年　　齡：6～9 個月
- 直接目的：學習安靜時間放鬆的技巧
- 間接目的：發展專注力與動作技能

 材料

1. 工作毯。
2. 選擇能讓身體放鬆且有押韻的歌曲。最初幾次進行這個活動時，使用只有二到三句簡單的韻文和動作。

 步驟

1. 坐在地板或椅子上並面對嬰兒。
2. 等待嬰兒將全部的注意力放在教師身上後，微笑並輕聲叫嬰兒的名字，向他打招呼。
3. 小聲低唱或低聲說出「牽牽手、牽牽手，我們一起牽牽手」之類的二或三句韻文。當教師唱歌時，搭配符合的身體動作。例如，唱到「牽牽手」時，主動伸出手觸碰嬰兒的手。
4. 重複動作，句子和動作越來越慢。最後閉上眼睛並安靜地放鬆。
5. 等待幾分鐘後，重複動作，引導嬰兒跟教師一起動作。

延伸變化

1. 當嬰兒獲得經驗和技巧後，逐漸地增加韻文的數量和活動的長度。
2. 可變換兒歌或手指謠內容，並配合身體動作。

3 認識簡單的歌曲

● 領　　域：社會活動
● 年　　齡：3～12個月
● 直接目的：學習團體中經常使用的簡單歌曲
● 間接目的：發展專注力和身體意識能力

 材料

1. 選擇簡單、重複性高，並能吸引幼兒的歌曲。歌曲要包含：命名身體部位、命名動物、使用嬰兒的姓名、使用嬰兒熟悉的人的姓名。

 步驟

1. 教師坐下或躺下，讓教師和嬰兒可以面對面。
2. 等待嬰兒將全部的注意力放在教師身上。
3. 微笑並小聲地叫嬰兒的名字。
4. 開始唱「頭兒肩膀膝腳趾」、「兩隻老虎」或「蝴蝶」這些歌曲。
5. 只要嬰兒表現出興趣，便重複活動，每一次改變不同的節奏和音調。

延伸變化

1. 偶爾圍成一個圓圈，和幾位嬰兒和成人進行這個活動。
2. 可變化兒歌的歌詞，如：「哈巴狗」變成「小花貓」、「大野狼」、「小山羊」……等。

4 加入節奏

● 領　　域：社會活動
● 年　　齡：6～12 個月
● 直接目的：學習對外來刺激做出自
　　　　　　我反應
● 間接目的：學習音樂和節拍的能力
　　　　　　發展聽力和聽覺的技巧
　　　　　　與協調性

 材料

1. 工作毯。
2. 托盤。
3. 一個不鏽鋼鍋子及一支刷子
4. 簡單歌曲。例如：「划，划，划你的船」、「兩隻老虎」、「哈巴
　狗」、「小星星」、「火雞」。

步驟

1. 先將鍋子和湯匙放在托盤，並拿取工作毯。
2. 將工作毯放在嬰兒的面前，將托盤放在工作毯上。
3. 坐下面對嬰兒。
4. 等待嬰兒將全部的注意力放在教師身上。
5. 微笑並小聲地叫嬰兒的名字。
6. 從托盤拿出湯匙和鍋子，將它們放在工作毯上，將托盤放在旁邊。

7. 拿起湯匙並開始在鍋子上小聲地敲出節奏。

8. 在敲了幾次之後，開始唱簡單歌曲的前幾段，改變敲擊的節奏來配合這首歌的節奏。

9. 暫停動作並對嬰兒微笑。

10. 邀請嬰兒拿湯匙和鍋子。

11. 當嬰兒敲擊時，再開始小聲地唱歌。試著讓歌曲的節奏去配合嬰兒敲擊的節奏。

12. 再重覆一次，然後讓嬰兒去觀察這個湯匙和鍋子。只要嬰兒開始專注在這些物品上，安靜地離開，讓嬰兒自己去探索。

13. 當嬰兒結束活動後，將鍋子和湯匙放回托盤，然後帶著嬰兒一起將工作毯和材料放回適當位置，即為活動結束。

14. 確認材料擺放在明顯的地方，例如，放在矮的櫃子，讓嬰兒下次想玩時可自行操作遊戲。

延伸變化

1. 當嬰兒獲得經驗和技巧後，邀請嬰兒跟著音響播放的音樂敲擊。

2. 改變為這個活動所選音樂的節奏和拍子。例如：進行曲、圓舞曲、慢板、快板、彈性的樂曲。

3. 變化進行節奏的方式或內容物，如：拍手、拍鐵罐、捏洗澡娃娃、搖自製沙鈴樂器等。

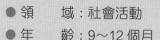 **5 歌曲中加入字詞**

- ● 領　　域：社會活動
- ● 年　　齡：9～12 個月
- ● 直接目的：練習基本社會互動技巧
- ● 間接目的：發展專注力和語彙

  材料

1. 選擇節奏簡單、並能吸引嬰兒的歌曲。例如：「小星星」、「小蜜蜂」、「三輪車」、「兩隻老虎」。

 步驟

1. 教師坐下或躺下，讓教師和嬰兒能面對面，並碰觸彼此。
2. 等待嬰兒將全部的注意力放在教師身上。
3. 微笑並小聲地叫嬰兒名字。
4. 開始唱歌。
5. 當唱到最後一段歌詞時，在唱最後一個字前暫停一下。
6. 每次教師唱這首歌時，暫停更久一點，讓嬰兒期待並鼓勵他去唱出少的字詞，如：「晶」。

延伸變化

1. 也可以圍一個圓圈，和幾位嬰兒與成人進行這個活動。
2. 當嬰兒學會這首歌，每次暫停在相同的地方，等待幼兒接著唱。
3. 當嬰兒更熟悉這首歌時，每次暫停在不同的地方，等待幼兒接著唱。

6 戴帽子

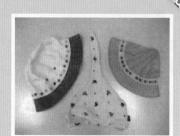

- 領　　域：社會活動
- 年　　齡：9～12 個月
- 直接目的：學習與他人互動的方法
- 間接目的：發展協調性與身體意識
　　　　　　奠定日常生活技巧的基
　　　　　　礎

 材料

1. 工作毯。
2. 籃子。
3. 三或四頂不同的帽子。

 步驟

1. 先將帽子放進籃子，並拿取工作毯。
2. 將工作毯放在嬰兒的面前，將籃子放在工作毯上。
3. 坐下面對嬰兒。
4. 等待嬰兒將全部的注意力放在教師身上。
5. 微笑並小聲地叫嬰兒名字。
6. 從籃子拿出帽子，將它們放在工作毯上。
7. 拿起其中一頂帽子並慢慢地放到教師頭上。
8. 暫停動作並對嬰兒微笑。

9. 邀請嬰兒選擇一頂帽子並試戴它。使用簡單的語言,例如說:「現在換你戴上帽子。」

10. 當嬰兒選擇帽子並試戴時,安靜地等待。

11. 當教師和嬰兒兩人頭上都戴了帽子時,對嬰兒微笑。

12. 等待幾分鐘,然後慢慢地拿下教師的帽子,並將它放回工作毯。

13. 邀請嬰兒做相同的動作。

14. 重複動作,這次選擇不同的帽子。

15. 重複活動直到嬰兒沒有興趣為止。

16. 當嬰兒結束活動後,將帽子放回籃子,然後帶著嬰兒一起將工作毯和材料放回適當位置,即為活動結束。

17. 確認材料擺放在明顯的地方,例如,放在矮的櫃子,讓嬰兒下次想玩時可自行操作遊戲。

延伸變化

藉由使用其他有彈性的衣物變化這個活動,像是圍巾、襪子、髮束、毛織腕套、針織暖腿套、連指手套等。

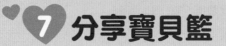

7 分享寶貝籃

- 領　　域：社會活動
- 年　　齡：6～12 個月
- 直接目的：探索與他人分享的技巧
- 間接目的：發展專注力
　　　　　　學習解決問題的能力

 材料

1. 工作毯。

2. 籃子。最好使用平底的籃子，四邊平直，直徑至少 36 公分，高度約 8～12 公分，且用天然的素材像是柳條或牧草所製成，沒有提手。也可以使用相似尺寸的堅固硬紙盒。

3. 安全的物品種類，讓嬰兒可以觀察。東西愈多愈好，選擇有趣的材質、氣味、大小或形狀，且將塑膠物品的數量減到最少。例如：海綿、羊毛球、乾葫蘆瓢、曬衣夾、牢固綁在細繩上的彩色木頭串珠、一條鍊子、金屬濾器、絲綢披肩、一條布、鈕釦、茶葉過濾器、腳踏車鈴、有拉鍊的小皮革錢包、粉撲、網球、香味袋（堅固地縫上或綁上且裝有芳香藥草或香料的小布袋，像是薰衣草袋或丁香袋）、小的螺紋筆記本。

4. 確認含有足夠的物品給兩位嬰兒。這提供每一位嬰兒平行遊戲的機會，在另一個孩子在場時可以自主探索。為了維持嬰兒的興趣，經常改變寶貝籃裡的東西，增加一些物品或拿出原本的物品。每次使用之後檢查這

些內容物也是很重要的，要清潔被弄髒的物品或拿出可能造成傷害的物品。

(步)(驟)

1. 先準備寶貝籃，並拿取工作毯。
2. 教師找到適當的時間讓兩位嬰兒坐下並靠近彼此。嬰兒們可能用枕頭支撐坐著或自己坐著。
3. 把工作毯放在兩個嬰兒中間。

●如果這是嬰兒們第一次用寶貝籃來操作活動：

1. 將籃子放在嬰兒之間的工作毯上，距離要夠近讓嬰兒可以輕易地摸到。確認嬰兒之間距離夠遠，不會經常摸到相同的物品。
2. 坐下面對嬰兒們。從籃子拿出一個物品。慢慢且小心地觀察這個物品。拿起讓嬰兒們可以清楚地看見它。記得也要吸引嬰兒們其他的感官。例如，搖腳踏車鈴、搖晃絲綢披肩、聞一顆橘子、用鍊子發出喀喀聲。
3. 將物品放回籃子。
4. 暫停動作並對嬰兒微笑。
5. 坐下不用說話，給嬰兒們時間自己去探索籃子裡的內容物。
6. 一旦嬰兒們開始專注在籃子上，安靜地離開到一旁，但留在附近讓嬰兒們可以看見教師的地方。保持安靜但專心。年紀小的嬰兒們在新的環境特別需要教師的在場當作「情感支柱」去發展自信心。蒙特梭利的方法提供嬰兒完全的自主去選擇和觀察任何他們想要的物品。成人不要糾正嬰兒如何去握住一個物品，除非絕對必要，成人也不要介入或中斷，且不要讓其他嬰兒介入。目的是要讓專注力持續的嬰兒繼續去探索。

●如果嬰兒們之前已經用過寶貝籃來操作活動：

1. 在嬰兒旁邊，將籃子放在工作毯上，距離要夠近讓嬰兒可以輕易地摸到。
2. 嬰兒們可能會立刻開始探索籃子的內容物。
3. 一旦嬰兒們開始探索，安靜地從這個活動場合離開。留在附近，保持安

靜且專心，但是不要介入或中斷，且不要讓其他孩子介入。只要他們的專注力還持續，讓嬰兒去盡情探索。

4. 當最後一位嬰兒結束活動後，帶著嬰兒一起將工作毯和籃子放回適當位置，即為活動結束。

5. 確認材料擺放在明顯的地方，例如，放在矮的櫃子，讓嬰兒下次想玩時可自行操作遊戲。

延伸變化

替換寶貝籃裡的內容物，每次減少一樣或增加一樣，並考量提供軟、硬、粗、細、大、小等衛生安全之各種材質。

六、認知領域

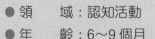

1 辨認物品

● 領　　域：認知活動
● 年　　齡：6～9個月
● 直接目的：奠定聽從指示的能力
● 間接目的：發展自信與解決問題的
　　　　　　能力
　　　　　　發展因果關係的概念
　　　　　　發展手眼協調能力

  材料

1. 工作毯。

2. 一個綁上長緞帶或細繩的物品，確認緞帶拉長的時候長度約有60公分。
   物品可選擇：娃娃、卡車、填充玩具、球。前幾次進行活動時，可選擇
   一個嬰兒喜歡且熟悉的物品。

 步驟

1. 先準備活動物品並拿工作毯。

2. 將綁上緞帶或細繩的物品放在工作毯上，將物品面向自己和嬰兒。

3. 抱著嬰兒坐下或讓嬰兒坐在教師旁邊，兩人都面向工作毯。

4. 慢慢且謹慎地伸手，抓住物品上的緞帶，將物品拉向教師，當物品碰到
   教師時，將它拿起並檢視。

5. 將物品放在工作毯上的另一端，此時，確認緞帶的尾端正好在嬰兒前
   方。

6. 邀請嬰兒拉緞帶，例如說：「現在換你拉緞帶，然後就能拿到卡車了！」

7. 當嬰兒需要時給予協助。

8. 當嬰兒拉完物品之後，給嬰兒時間去檢視物品。

9. 當嬰兒放下物品之後，將物品放在工作毯另一處。將緞帶尾端放在手碰不到的地方，然後邀請幼兒將物品拉向教師，當嬰兒需要時給予協助。

10. 重複活動，直到嬰兒已經沒有興趣為止。

11. 嬰兒結束活動後，將材料放回盒子，然後帶著嬰兒一起將工作毯與材料放回適當位置，即為活動結束。

12. 確認材料擺放在明顯的地方，例如，放在矮的櫃子，讓嬰兒下次想玩時可自行操作遊戲。

延伸變化

1. 逐漸增加物品的數量到三或四個。為幫助嬰兒專注在物品上，每個物品使用相同顏色的緞帶。

2. 物品可更換為會發出聲音的物品，用來吸引嬰兒。

3. 當嬰兒已經可以爬行時，可將繩子捨棄。將物品放置在嬰兒前方，用可吸引嬰兒的物品引導嬰兒往前爬行；若已經可以行走，則引導嬰兒往前走拿取指定的物品。

4. 等嬰兒發展經驗與技巧後，逐漸增加物品的複雜性，在每個物品使用相同顏色的緞帶。選擇嬰兒不熟悉的物品，例如：幾何模型（如：正方體、三角柱）、小紙盒、新玩具、昆蟲或花的模型。

5. 選擇不同顏色的物品作為感官活動。選擇在大小與形狀上可辨認的物品。選擇適合物品顏色的緞帶。

2 製作簡易玩具

- ● 領　　域：認知活動
- ● 年　　齡：9～12 個月
- ● 直接目的：發展專注力與記憶力
- ● 間接目的：促進運動神經發展

  材料

1. 托盤一個。
2. 工作墊。
3. 兩端扁平的竹筷。
4. 兩個中間有小洞的圓形紙板。

  步驟

1. 將工作毯放在教師與幼兒之間，然後將盒子放在上面。
2. 等到嬰兒注意教師時，將竹筷與紙板從盒子取出放在工作毯，將盒子放在一旁。
3. 拿起竹筷並用單手舉起。
4. 用另一隻手拿出第一個圓形紙板。
5. 緩慢且謹慎地移動，將竹筷推入圓形紙板的小洞。
6. 取出第二個紙板並重覆上面的動作，兩紙板間約距離約三公分。

7. 停下動作並對嬰兒微笑。

8. 緩慢地將圓形紙板從竹筷上拿出，然後放在工作毯上。

9. 重複上面動作，但在竹筷剩下一個圓形紙板時停止動作。

10. 將竹筷拿給嬰兒，邀請嬰兒將竹筷上的圓形紙板取下。例如，可對嬰兒說：「現在換你脫下圓形紙板」。大部分嬰兒在他們穿上東西前就能脫下東西。

11. 重複活動，直到嬰兒已經沒有興趣為止。

12. 嬰兒結束活動後，將材料放回盒子，然後帶著嬰兒一起將工作毯與材料放回適當位置，即為活動結束。

13. 確認材料擺放在明顯的地方，例如，放在矮的櫃子，讓嬰兒下次想玩時可自行操作遊戲。

延伸變化

1. 改變使用的材料。例如：用堅固的吸管、一長段塑膠水族箱的管子或木釘取代竹筷，用堅固的建築畫板取代紙板。

2. 使用其他形狀，例如：用三角形或正方形代替圓形。

3. 自製的玩具可延伸為：沙鈴、紙球。

- 沙鈴：材料需要養樂多瓶、豆子、紙板、膠帶。
  教師先將成品拿至嬰兒面前，然後搖晃出聲音吸引嬰兒的注意。接下來，請嬰兒拿取豆子放進養樂多瓶內，教師協助用紙板及膠帶封住瓶口。確認過豆子不會搖晃掉出後，就可交給嬰兒自己操作。

- 紙球：材料需要廣告紙或報紙數張、膠帶。
  使用廣告紙，教師示範揉捏廣告紙給嬰兒看，然後再給予嬰兒廣告紙張，請嬰兒自己揉捏成球，成人協助用膠帶捆成球。紙張不宜過厚過、硬過、大張，以免嬰兒不好揉捏。

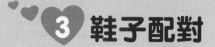

3 鞋子配對

● 領　　域：認知活動
● 年　　齡：9～12 個月
● 直接目的：奠定配對的能力
● 間接目的：增進視覺敏銳與專注力
　　　　　　 學習聽從指示的能力

 材料

1. 工作毯。
2. 兩雙不同的鞋子。

 步驟

1. 先準備好工作盤並拿工作毯。
2. 教師坐下，讓嬰兒面向教師，將工作毯放在教師與嬰兒之間。盒子放在工作毯上。
3. 等到嬰兒注意教師時，從盒子裡拿出一隻鞋子放在工作毯上。將盒子稍微傾斜讓嬰兒可以看見鞋子。
4. 拿起鞋子並維持動作，然後慢慢且謹慎地檢視它。例如，拉拉鞋帶、磨擦鞋底、欣賞鞋子的花色、用手指描繪鞋子上的線條。
5. 將鞋子拿給嬰兒檢視。給嬰兒時間去檢視鞋子，然後請嬰兒將鞋子放回工作毯上。

6. 從盒子裡拿出另一隻鞋子（不要拿出配對的鞋子）。把鞋子靠近工作毯上的那隻鞋子，然後將手上的鞋子放回盒子。重複剛才的動作直到找出配對的鞋子。將配對的那雙鞋子放到工作毯的一邊，使嬰兒有足夠空間可以活動。

7. 暫停動作並對嬰兒微笑。

8. 從盒子裡拿出另一隻鞋子並檢視它，再拿給嬰兒檢視。請嬰兒將鞋子放到工作毯上。

9. 將盒子推向嬰兒伸手可拿取的範圍，邀請嬰兒找出配對的鞋子，並放在剛才那隻鞋子旁邊。當嬰兒需要時給予協助。

10. 如果嬰兒在配對鞋子上感覺困難，活動時增加更多話語，討論鞋子的某一個特徵。例如，說：「我們來找出有黃色鞋帶的鞋子！」

11. 邀請嬰兒將所有的鞋子放回盒子裡。

12. 重複活動，直到嬰兒已經沒有興趣為止。

13. 嬰兒結束活動後，讓嬰兒專心把鞋子放回盒子，然後帶著嬰兒一起將工作毯與材料放回適當位置，即為活動結束。

14. 確認材料擺放在明顯的地方，例如，放在矮的櫃子，讓嬰兒下次想玩時可自行操作遊戲。

延伸變化

1. 當嬰兒檢視完鞋子並放回工作毯後，拿起盒子並放置到距嬰兒一小段距離外的地方。確認嬰兒看見放盒子的地方。暫停動作並對嬰兒微笑。請嬰兒走向盒子並帶回配對的鞋子放在工作毯上。重複活動直到所有鞋子配對完成。許多年紀小的嬰兒喜歡這種活動。

2. 一旦嬰兒已經從這個活動中學到某些技巧與經驗，可讓嬰兒整理置物櫃的鞋子當作生活練習的活動。

3. 一旦嬰兒已經從這個活動中學到某些技巧與經驗，尋找或畫出三雙教師已經有的鞋子的圖片。在三個或相似的鞋盒蓋上，各放上一雙鞋子的圖片。將裝有三雙鞋子混在一起的籃子呈現給嬰兒，並且邀請嬰兒將成雙的鞋子放入合適的鞋盒裡。

4. 可將內容物更換成杯子、衣服、奶瓶、奶嘴……等。

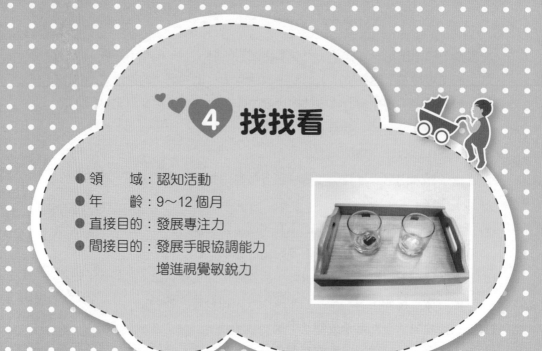

4 找找看

● 領　　域：認知活動
● 年　　齡：9～12個月
● 直接目的：發展專注力
● 間接目的：發展手眼協調能力
　　　　　　增進視覺敏銳力

材料

1. 工作毯。

2. 托盤。

3. 兩個相同且乾淨的玻璃小容器。例如：厚酒杯或薄的玻璃罐。

4. 一個放有些許相同和食物的籃子，且每種食物的大小剛好能讓玻璃杯蓋住。選擇嬰兒喜歡的東西，例如：小餅乾、玉米片、葡萄乾。

步驟

1. 先將材料收集到托盤上，並拿出工作毯擺放好。

2. 將托盤放到工作毯的另一邊，然後教師坐下，讓嬰兒面向教師，將工作毯放在教師與嬰兒之間

3. 等到嬰兒注意教師時，慢慢將材料從托盤中移到工作毯。將玻璃杯倒過來放在工作毯上。

4. 從籃子裡拿一個食物給嬰兒。允許嬰兒拿起食物、檢視並吃它。將托盤

放到一旁。

5. 當嬰兒結束活動之後，慢慢且謹慎地從籃子裡拿出另一種食物。將食物放在玻璃杯下面。將籃子移開到另一邊且離開嬰兒的視線。

6. 邀請嬰兒去「尋找」物品。例如，說：「請你把餅乾找出來。」當嬰兒需要時給予協助。

7. 重複活動，直到嬰兒已經沒有興趣為止。

8. 嬰兒結束活動後，將材料放回托盤，然後帶著嬰兒一起將工作毯與材料放回適當位置，即為活動結束。

延伸變化

1. 可將透明的杯子更換成不透明的杯子，增加困難度。

2. 當嬰兒已經熟悉這項活動，並已學會如何追蹤物品後，可將物品直接藏於成人雙手手掌心內，請嬰兒追蹤物品藏匿於哪隻手掌心內。

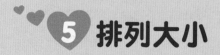

5 排列大小

● 領　　域：認知活動
● 年　　齡：9～12 個月
● 直接目的：發展大小的概念
● 間接目的：增進動作技巧與視覺敏
　　　　　　銳力

1. 工作毯。

2. 托盤。

3. 一組顏色、外觀相同且大小不同的俄羅斯娃娃。

1. 先將三個俄羅斯娃娃從大到小排列在托盤上，將工作毯放在地上，托盤
　 放在工作毯的另一邊。

2. 教師坐下，讓嬰兒面向教師，將工作毯放在教師與嬰兒之間。

3. 等到嬰兒注意教師時，移動娃娃到工作毯上，並將它們從大到小排成一
　 排。將托盤放到一旁。

4. 拿起兩個娃娃，慢慢謹慎地嘗試將它們比較，選擇一個最大的說：「最
　 大的」，並把最大的娃娃放置最前面。

5. 再比較剩下的兩個娃娃，選擇其中一個較大的娃娃並說：「大的。」然

後再放置於最大的娃娃後面。剩下的一個娃娃放在最後一個。

6. 停下動作並對嬰兒微笑。

7. 邀請嬰兒一起參與活動。例如,說:「現在換你拿一個最大的娃娃。」不用糾正或引導嬰兒,允許嬰兒自己去探索。

8. 當嬰兒結束活動時,帶嬰兒一起將娃娃放回托盤,然後帶著嬰兒一起將工作毯與材料放回適當位置,即為活動結束。

9. 確認材料擺放在明顯的地方,例如,放在矮的櫃子,讓嬰兒下次想玩時可自行操作遊戲。

6 戴手套

- 領　　域：認知活動
- 年　　齡：9～12 個月
- 直接目的：發展解決問題的能力
- 間接目的：發展專注力與協調性

 材料

1. 工作毯

2. 籃子

3. 成人及幼兒手套各一雙，手套必須夠寬鬆，讓教師戴上後手指可以扭動。

步驟

1. 先將手套放在籃子裡，並將工作毯放在地上。

2. 教師坐下，讓嬰兒面向教師，將工作毯放在教師與嬰兒之間。

3. 等到嬰兒注意教師時，將手套從籃子裡拿出，並在嬰兒面前舉起。

4. 慢慢且謹慎地將手套戴在教師的一隻手上。

5. 當戴手套時扭動手指，戴好之後再扭動手指一次，讓嬰兒知道手指在哪裡。

6. 慢慢將戴手套的手移到嬰兒的手旁邊，扭動手指並允許嬰兒脫下手套。

7. 請嬰兒將手套拿給教師。

8. 此時，將手套放在嬰兒手上並扭動手指，然後非常緩慢地將手套拿離嬰兒的手。

9. 將手套拿給嬰兒，邀請他將手套戴上，說：「現在換你戴上手套。」當嬰兒需要時給予協助。

10. 一旦嬰兒專注在嘗試著戴上手套，確保嬰兒繼續活動不受干擾。

11. 當嬰兒結束活動時，帶嬰兒一起將手套放回籃子，然後帶著嬰兒一起將工作毯與材料放回適當位置，即為活動結束。

12. 確認材料擺放在明顯的地方，例如，放在矮的櫃子，讓嬰兒下次想玩時可自行操作遊戲。

延伸變化

1. 可延伸為模仿的社交活動。從一雙手套開始，一隻戴在教師手上，另一隻戴在嬰兒手上。用手套模仿彼此手的動作。例如，用手套拍手、扭動手指、摸鼻子，把手套放到地板，然後上下拍打。

2. 若五指手套嬰兒操作起來有困難，或可更換成兩指的手套。練習較為熟練後，再將兩指手套更換為五指手套。

3. 活動可更換為穿襪子、穿圍兜等。

0～3歲嬰幼兒課程活動設計

二

學步期課程活動設計

12~24 個月

一、日常生活領域
收地毯‧擦一擦‧排序和配對‧切切看‧掃掃地‧洗手‧切香蕉‧夾麵條‧倒飲料‧擺餐具

二、動作技能領域
放進去和拿出來‧放放看‧轉瓶蓋‧吸吸看‧拼拼圖‧串珠珠‧夾物品‧吸管吸水

三、感官領域
認識顏色‧顏色配對‧摸摸看‧認識環境‧布料配配看‧揉麵團‧聽一聽‧辨認氣味

四、語文領域
找出指定物品‧認識顏色‧數一數‧聲音和圖片的配對‧認識相同語音‧物品和圖片配對‧增加或減少‧說說看

五、社會領域
寶藏袋‧模仿一下‧探索物品‧聽從指令‧辨認他人‧照片配配看‧分享物品‧情緒猜一猜

六、認知領域
形狀配對‧不同與相同‧畫出形狀來‧數字配對‧是同一類嗎？‧排一排事件的順序‧東西在哪裡？‧物品和圖片配對

一、日常生活領域

1 收地毯

- 領　　域：日常生活
- 年　　齡：15 個月以上
- 直接目的：學習生活自理能力
- 間接目的：發展秩序意識
　　　　　　練習運動技能

1. 可捲起的大工作毯。

1. 請幼兒和教師一起到捲好的工作毯旁邊。
2. 將工作毯放在一個不受外界干擾的地方，將地毯打開放在地上。雙手放在地毯兩邊向前捲動，捲成圓柱體狀，立起來讓地毯上方是平平的，邀請幼兒選擇一張工作毯重複剛剛的動作。
3. 將捲好的工作毯放在地板上。
4. 讓幼兒坐在你和毯子之間。
5. 用緩慢且誇大的動作，展開毯子並輕放在地板上。
6. 再次緩慢且誇大你的動作，將毯子再次捲起來。
7. 接著停下動作，並且給幼兒一個微笑。
8. 邀請幼兒展開毯子。例如，教師說：「現在請你將毯子展開。」

9. 給幼兒足夠的時間進行這項活動。

10. 當幼兒開始嘗試展開毯子，除非幼兒要求協助，不然只要靜靜地在一旁觀察。

1. 當幼兒獲得經驗與技巧後，請幼兒自己將毯子收好。之後具體指出一個地方，讓幼兒把毯子展開之後再捲起收好，放在適當的位置。

2. 為了了解工作地毯的用途，可增加活動，可以在展開的毯子上呈現簡單的活動。例如：蓋個積木塔。

3. 也可以用其他的東西替換毯子，來練習展開和捲起的技能。例如：擦手巾、地圖、餐巾。

2 擦一擦

- 領　　域：日常生活
- 年　　齡：15～18 個月
- 直接目的：學習擦拭的技巧與方法
- 間接目的：發展秩序意識
  　　　　　練習專注和精細動作技
  　　　　　能

 材料

1. 工作桌。
2. 工作托盤。
3. 小碗裝有五分滿的水。
4. 海綿。
5. 兒童尺寸的防水圍裙。
6. 噴霧器。

 步驟

1. 請幼兒坐在工作桌對面，將托盤放在教師與幼兒之間，再把托盤裡的材料取出來放在工作桌上。
2. 請幼兒將圍裙穿上，然後坐下來，把噴霧器拿起來向著桌面噴幾下。
3. 拿出海綿前後地擦拭桌面，再把海綿裡的水擠在小碗裡。
4. 邀請幼兒做相同的動作，如：「現在輪到你清潔桌面了。」

5. 幼兒開始動作時，請悄悄地離開，讓他有個不受干擾的環境。

6. 如果幼兒沒有任何動作，教師可以問：「你需要幫忙嗎？」如幼兒需要幫忙，教師可以用手拉著幼兒的手重複以上的動作。當幼兒開始自己重複這些動作時，就可以把手移開。

7. 噴霧器沒水時，若幼兒還想繼續，就帶幼兒到洗手檯，幫他把噴霧器裝滿水，再帶他回工作桌。一直進行到幼兒不想玩為止。

8. 遊戲結束後，帶領幼兒將桌子上所有的水分抹乾，再把所有的材料放回原來的位置。

1. 相同材料和動作的工作，如：擦窗口、擦鏡子、抹溢在地板的水、清洗黑板、洗滌室外野餐桌、擦椅子。

2. 當幼兒獲得足夠的經驗，可以增加任務的複雜性，如：提供更多清潔材料和需要被洗滌的物品。清潔材料有毛巾、肥皂、刷子和拖把等。需要被洗滌的物品有小瓶子、玩具、蔬果、架子和椅子等。

3. 可以擦葉子或擦桌子、椅子。

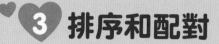

3 排序和配對

● 領　　域：日常生活
● 年　　齡：15～18 個月
● 直接目的：發展分類和配對能力
● 間接目的：發展專注和邏輯
　　　　　　練習精細動作技能

 材料

1. 工作毯。

2. 工作托盤。

3. 五支叉子和五支湯匙。每次活動時，改變一些用具的數量。例如：第一次活動時為各五支叉子和湯匙，下次改為七支叉子和三支湯匙等。

4. 兩個相同的籃子。畫出一個簡單的叉子及湯匙的形狀，並分別黏貼在籃子底部，以容易區分。

 步驟

1. 讓幼兒坐在教師的前面，把用具以水平的方式任意排在工作毯上，將用具把手面向幼兒。籃子也一樣放在幼兒的前面，讓籃子把手面向幼兒。

2. 從幼兒的左邊慢慢地拿起第一個用具，在兩個籃子的旁邊做比較，再把用具放在和它相同的籃子裡。

3. 比較的動作很重要，讓幼兒學會怎麼配對相同的用具。持續活動，直到

所有的用具都放在籃子裡。

4. 再把用具擺出來，邀請幼兒進行活動。如：「現在請你把叉子放進叉子的籃子裡，把湯匙放進湯匙的籃子裡。」

5. 如果幼兒沒有任何行動或是把用具放錯籃子，請不要干涉他們，幼兒會自己改正。

6. 如果幼兒沒有任何動作，教師可以問：「你需要幫忙嗎？」如幼兒需要幫忙，教師可以用手拉著幼兒的手重複以上的動作。當幼兒開始自己重複這些動作時，就可以把手移開。

7. 遊戲結束後，帶領幼兒把所有的材料放回原來的位置。

延伸變化

1. 當孩子獲得經驗與技巧後，逐漸增加數量至三種不同用具或更多。

2. 當幼兒對湯匙和叉子熟悉後，增加其他的用具。如：不一樣大小的湯匙、叉子和刀。

3. 當幼兒對配對用具很熟練後，可以讓幼兒從一組用具裡挑出指定的物品。如：從叉子、湯匙和刀裡挑出湯匙。

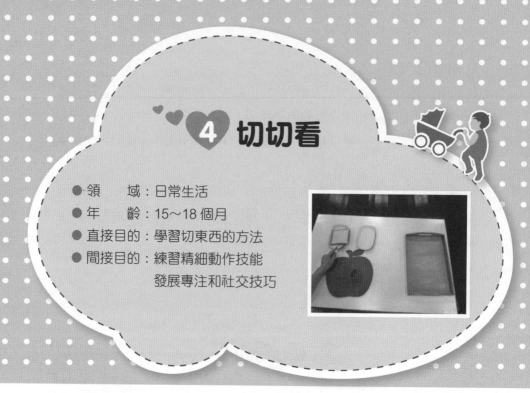

4 切切看

- 領　　域：日常生活
- 年　　齡：15～18 個月
- 直接目的：學習切東西的方法
- 間接目的：練習精細動作技能
　　　　　　發展專注和社交技巧

材 料

1. 在食物準備區或用餐區放一張工作桌和兩張椅子。
2. 工作托盤。
3. 砧板。
4. 在小碟子上擺上三片吐司或是稍乾（不軟）的麵包。
5. 切割器，能夠在麵包上切出一個或兩個形狀。
6. 兩件圍裙，一件孩童尺寸、一件成人尺寸。

步 驟

1. 邀請幼兒一起準備食材，在這之前必須把手洗乾淨。
2. 讓幼兒坐在教師的前面，把所有的食材放在桌子上。
3. 將一片麵包放在砧板上，一隻手壓著麵包，另一隻手拿起切割器，然後放在麵包的一個角上。
4. 確定幼兒可以明確看到教師的動作。慢慢地把切割器按進麵包裡。

5. 拿起那片麵包，再把切割器裡的麵包推出來。重複以上的動作。

6. 再拿出一塊新的麵包給幼兒，邀請幼兒進行活動。如：「現在你可以把麵包切成形狀，然後把它們放在盤子裡。」

7. 當幼兒進行活動時，請悄悄地離開。當他們做錯時，請不要干涉，幼兒會自己改正。

8. 如果幼兒沒有任何動作，教師可以問：「你需要幫忙嗎？」如幼兒需要幫忙，教師可以用手拉著幼兒的手重複以上的動作。當幼兒開始自己重複這些動作時，就可以把手移開。

9. 遊戲結束後，帶領幼兒把所有的材料放回原來的位置。在收拾的過程中可以讓幼兒進行以下幾種活動：把剩下的麵包放回它的容器、擦桌子、把地上的麵包屑掃起來、洗盤子等。

10. 教師和幼兒一起吃麵包。

延伸變化

1. 當幼兒獲得經驗與技巧後，逐漸增加切割器的形狀。不同形狀的切割器可以讓幼兒學到更多的形狀。

2. 增加活動的複雜性，如：形狀切好後，在上面塗抹牛油，然後用葡萄乾作裝飾。

3. 可以邀請二或三個幼兒一起進行小組活動。

 **5 掃掃地**

● 領　　域：日常生活
● 年　　齡：15～24 個月
● 直接目的：學會掃地的方法與技巧
● 間接目的：發展秩序意識、專注和
　　　　　　合作
　　　　　　練習運動技能

 材料

1. 工作桌。

2. 工作托盤。

3. 兒童專用的畚箕和掃帚。

4. 放有少許小東西的容器，如小棉球……（選擇一個很輕、有足夠寬度能
　讓孩子把畚箕裡的東西倒入的容器）。

 步驟

1. 請幼兒坐在工作桌對面，把材料放在工作桌上。

2. 輕輕地打開容器，把一些小棉球分散地灑在桌上。

3. 拿起掃帚，慢慢地把小棉球掃成一團。再拿起畚箕放在小棉球的旁邊。

4. 一手拿畚箕，一手拿掃帚，再把小棉球掃進畚箕裡，故意留下一些小棉
　球在外面。

5. 把畚箕裡的小棉球倒進容器裡，再把桌上剩餘的小棉球掃進畚箕，再倒

進容器裡。

6. 拿起容器，再把小棉球撒在桌上，邀請幼兒進行活動，如：「現在你可以把小棉球掃起來了。」

7. 當幼兒進行活動時，請悄悄地離開。當他們做錯時，請不要干涉，幼兒會自己改正。

8. 如果幼兒沒有任何動作，教師可以問：「你需要幫忙嗎？」如幼兒需要幫忙，教師可以用手拉著幼兒的手重複以上的動作。當幼兒開始自己重複這些動作時，就可以把手移開。

9. 遊戲結束後，帶領幼兒把所有的材料放回原來的位置。

10. 一直進行到幼兒不想玩為止。

1. 當孩子獲得經驗與技巧後，介紹更有挑戰性的物品讓他進行活動。
   如：麥片、大豆、被撕碎的紙張、五彩碎紙。

2. 當孩子學會掃桌面後，可以邀請幼兒掃地。這時教師可以向幼兒介紹一些用具，如：將廢紙灑在地上，以幼兒大小的掃帚，將地上的廢紙掃起來，放入廢紙籃中。

3. 當幼兒學會掃地後，可以邀請幼兒擦地。在這個活動中，教師可以灑一些水在地上，然後用符合幼兒大小的拖把把地上抹乾。把水擠壓入桶，再倒進水槽裡。

6 洗手

- 領　　域：日常生活
- 年　　齡：15～24 個月
- 直接目的：學會洗手的方法與技巧
- 間接目的：發展獨立、序列與語言
　　　　　的能力
　　　　　練習協調和精細動作技
　　　　　能

 材料

1. 這項活動的目的是要介紹孩子參與洗手並促進其他自我照顧的技能。近來有一些蒙特梭利中心設有讓孩子快速、便捷地洗手。專用的洗手檯都會放孩子容易接觸到的材料，像是：在肥皂盒裡的肥皂、防水圍裙、毛巾、抹布、海綿、洗手乳等等，通常這區域位於飲食區／廚房、藝術區和廁所。一旦孩子已被介紹日常的洗手程序後，可以很容易地介紹其他需要洗手的時刻，例如：當繪畫時、飲食前後、室外玩耍後洗手。

2. 一個幼兒專用洗手檯。

 步驟

1. 邀請幼兒和你一起洗手。採取實際的口氣和一個具體洗手的原因，不需注重幼兒的手是否骯髒，而是說出一個原因，如：「所有的人在吃東西前都必須洗手，讓我們一起洗手以便可以吃東西。」

2. 把幼兒帶到洗手檯，拿塞子塞住洗手檯的排水孔，打開水龍頭，讓水流

進洗手檯，再把水龍頭關掉。（不需太多的水）

3. 噴少量的肥皂水在你手上，摩擦你的雙手，再把它們浸入水裡洗乾淨。

4. 如果可以做出一些泡泡，這讓幼兒更感興趣。把塞子拿起來，讓水流掉，再打開水龍頭，沖洗洗手檯。

5. 拿起毛巾，把手擦乾，再把毛巾整齊放好。

6. 邀請幼兒進行活動，如：「我已經把手洗乾淨了，現在輪到你洗手，這樣我們才可以一起去吃東西。」

7. 當幼兒進行活動時，請悄悄地離開。當他們做錯時，請不要干涉，幼兒會自己改正。

8. 如果他沒有任何動作，教師可以問：「你需要幫忙嗎？」，如幼兒需要幫忙，教師可以用手拉著幼兒的手重複以上的動作。當幼兒開始自己重複這些動作時，就可以把手移開。

9. 幼兒洗好手後，和他一起吃點心。

延伸變化

1. 介紹其他自我照顧的活動。如：洗臉、刷牙、上洗手間、梳或洗頭髮。要確定鏡子是符合幼兒的高度，以便他們可以自己檢查是否把臉洗乾淨或把頭髮弄整齊了。

2. 如有一排洗手檯，教師可以一次示範給二或三個幼兒學習。

7 切香蕉

- 領　　域：日常生活
- 年　　齡：18～21 個月
- 直接目的：學會切東西的技巧與方法
- 間接目的：練習精細動作技能
　　　　　　發展專注和社會技能

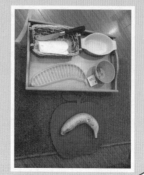

 材料

1. 在食物準備區或進食區擺上工作桌和兩張椅子。

2. 工作托盤。

3. 牛排刀。

4. 兩根未剝皮的香蕉。

5. 砧板。

6. 空盤。

7. 兩件圍裙，一件孩童尺寸、一件成人尺寸。

 步驟

1. 請幼兒和教師一起準備材料和食物，和食物有所接觸的活動都必須先洗手和穿圍裙。

2. 坐在工作桌對面，把砧板和鈍刀放在教師的前方，擺放食物的盤子放在幼兒的左邊，而空盤子擺在幼兒的右邊。

3. 拿起香蕉，把皮剝掉，放在砧板上。把香蕉皮放在一旁，之後處理。

4. 用一隻手把砧板上的香蕉按住，用另外一隻手拿起刀子放在香蕉上。慢慢地移動刀子，然後壓下刀子，把香蕉切片。

5. 推開切成片狀的香蕉，再切下一片。重複直到整根香蕉切好。

6. 切好後，把刀放回桌上。把空盤子移到砧板旁邊，也就是幼兒的右邊。再把切好的香蕉片從左邊到右邊移到盤子裡。

7. 確定放香蕉的碟子在幼兒的左邊，空盤子在右邊，砧板在幼兒的前面。

8. 邀請幼兒進行活動。如：「現在你可以把香蕉切片，然後把切好的香蕉放在盤子裡。」

9. 當幼兒進行活動時，請悄悄地離開。當他們做錯時，請不要干涉，幼兒會自己改正。

10. 如果幼兒沒有任何動作，教師可以問：「你需要幫忙嗎？」如幼兒需要幫忙，教師可以用手拉著幼兒的手重複以上的動作。當幼兒開始自己重複這些動作時，就可以把手移開。

11. 結束後，讓幼兒把東西歸位，如：處理果皮、擦桌子、洗碗和洗砧板。

延伸變化

1. 當幼兒獲得經驗與技巧後，介紹其他較容易切片的食物。如：新鮮的桃子或梨、水果罐頭裡的水果、柳橙和蘋果，或是可以被切割成立體形狀的麵包、果子或是乳酪。所有食物在切之前必須先清洗乾淨。

2. 提供柱狀麵團來訓練幼兒的切割能力，幼兒會更熟悉準備食物的規則。不過要懂得區分藝術和食物活動的區別。如：藝術的活動是不需要先洗手，但準備食物活動前則要先洗手。

8 夾麵條

- ● 領　　域：日常生活
- ● 年　　齡：21～24 個月
- ● 直接目的：學會日常生活可用的技能
- ● 間接目的：發展獨立性
　　　　　　擴大詞彙量並增加專注度
　　　　　　練習精細動作技能

 (材)(料)

1. 工作桌。

2. 工作托盤。

3. 夾子。

4. 煮熟的義大利麵約四分之一碗（加一匙或兩匙的植物油後攪拌，這樣義大利麵才不會黏在一起）。

5. 兩個空盤。

6. 兩件圍裙，一件孩童尺寸、一件成人尺寸。

 (步)(驟)

1. 請幼兒和教師一起準備材料和食物，和食物有所接觸的活動都必須先洗手和穿圍裙。

2. 讓幼兒坐在教師的對面。將夾子和義大利麵條的碗放在教師和幼兒之間。在幼兒和教師面前各放一個空盤。

3. 拿起夾子，以緩慢的速度夾起適量的麵條，放在教師前面的空盤子上。

4. 重複這個舉動，直到教師夾了四或五次的麵條。假裝讓一些麵條掉落在桌上，然後使用夾子（不是手指）夾起麵條放在盤子裡。

5. 邀請幼兒進行活動。如，說：「現在輪到你夾一些麵條放在你的盤子裡。」

6. 當幼兒進行活動時，請悄悄地離開。當他們做錯時，請不要干涉，幼兒會自己改正。如果這期間幼兒想吃麵條是可以的。

7. 如果幼兒沒有任何動作，教師可以問：「你需要幫忙嗎？」如幼兒需要幫忙，教師可以用手拉著幼兒的手重複以上的動作。當幼兒開始自己重複這些動作時，就可以把手移開。

8. 遊戲結束後，讓幼兒把所有的材料歸回原位。也可以讓幼兒擦桌椅、擦地、洗碗盤和夾子。

延伸變化

1. 當孩子獲得經驗與技巧後，變化材料。可以將碗換成盤子。如：「用湯匙舀米飯；用叉子叉起麵包或乳酪。」

2. 準備足夠的食物在一個盤子裡，以便兩個幼兒可以一起分享。給自己和幼兒一個小碗和湯匙。自己先招待自己，再邀請幼兒招待他人。

9 倒飲料

- 領　　域：日常生活
- 年　　齡：21～24 個月
- 直接目的：發展日常生活可用的技能
- 間接目的：發展協調性和專注度
　　　　　　發展社會化能力

1. 工作托盤。
2. 一個裝有六分滿水的小水壺以及讓孩子容易握住的杯子（陶瓷、玻璃或不銹鋼製）。
3. 一個幼兒使用的杯子。

1. 確認幼兒已經知道哪裡可以找到清掃的用具，如：海綿和毛巾，還有如何清理溢出的水。
2. 邀請幼兒一起準備材料，坐在幼兒的對面。
3. 將所有材料放在桌上，把小水瓶和一個杯子放在教師的前面。
4. 一隻手牢牢地拿起杯子，另一隻手慢慢地拿起小水瓶。倒點水進杯子裡，假裝也不小心倒了一點水在桌子上。
5. 把水瓶放回桌上，拿起海綿抹掉，再把海綿放回桌上。

6. 把杯子裡的水喝掉，再把杯子放在一旁。

7. 確定所有的材料都在幼兒前面，邀請幼兒進行活動。讓幼兒使用乾淨的杯子，而不是教師用過的。如，教師說：「你可以把水瓶裡的水倒進你的杯子裡。」

8. 當幼兒進行活動時，請悄悄地離開。當他們做錯時，請不要干涉，幼兒會自己改正。如果這期間幼兒想要進食是被允許的。

9. 如果幼兒沒有任何動作，教師可以問：「你需要幫忙嗎？」如幼兒需要幫忙，教師可以用手拉著幼兒的手重複以上的動作。當幼兒開始自己重複這些動作時，就可以把手移開。

10. 遊戲結束後，讓幼兒把材料放回原位。

1. 當幼兒獲得經驗與技巧後，提供一個有手把的水壺，把水倒出時不可溢出桌面。

2. 用小茶壺替代水瓶。

3. 讓這個活動變成一個社交活動，如：邀請幼兒倒杯水給教師和其他幼兒。

10 擺餐具

● 領　　域：日常生活
● 年　　齡：21～24 個月
● 直接目的：發展日常生活可用的技能
● 間接目的：發展專注和配對技能
　　　　　　發展精細動作技能

 材料

1. 工作桌和兩張椅子。

2. 工作托盤。

3. 在餐墊上標示出放置餐具（叉子和湯匙）、餐巾紙、餐盤和杯子的地方。可購買或自己製作一組辨識餐具位置的餐墊。為了便於清潔，選擇材質堅固和容易清洗的餐墊。為了幫助孩子集中焦點，餐墊材質選擇常見的深色織物，而不是有圖案的，並用亮色的織物或用淺色繡出（可繡可畫看餐墊材質）器皿、餐巾、盤子和杯子的位置。標示的位置如下，從左至右：

   • 叉子形狀。

   • 大圓圈代表一個盤或一個碗。

   • 湯匙形狀。

   • 小圓圈代表杯子。

4. 籃子裡包含叉子、湯匙、餐巾紙、盤子和杯子。以下為在許多蒙特梭利

中心所使用的器具：

- 叉子和湯匙是由不銹鋼、陶瓷或
  銀製成的，而不是塑膠材質。
- 約 17 公分長寬的方形餐巾，並
  且是容易清洗的深色材質，而不
  是有圖案的。
- 由簡單圖案或純色陶瓷製成的盤
  子或碗。為了幫助孩子專注，所
  有的盤子和碗都是相同的顏色。

5. 由簡單圖案或純色陶瓷製成的有手
   柄的杯子。為了幫助孩子專注，所
   有的杯子都是一樣的顏色和形狀。
   杯子是有厚度的，盛裝一些液體。

1. 讓兩個幼兒一起輪流進
   行活動。
2. 做一個紙餐墊，以不同
   顏色蠟筆畫出餐具形
   狀。把形狀剪出來代表
   餐具，然後讓幼兒把餐
   墊和形狀帶回家。
3. 當幼兒獲得經驗與技巧
   後，增加其他桌上的用
   具。

1. 讓幼兒一起幫忙準備材料，坐在幼兒的對面，把材料放到桌子上。
2. 拿起餐墊，放在桌上。拿起湯匙，簡單地審視它。
3. 與餐墊上每個圖像對照，移動湯匙與餐墊上所有的形狀比對，找出對應
   的位置。重複活動，直到所有的東西都能和餐墊上的圖案配對。
4. 把所有的物品放回籃子裡。邀請幼兒進行活動，如，教師說：「現在輪
   到你來擺放餐具。」
5. 當幼兒進行活動時，請悄悄地離開。當他們做錯時，請不要干涉，幼兒
   會自己改正。如果這期間幼兒想要進食是被允許的。
6. 如果幼兒沒有任何動作，教師可以問：「你需要幫忙嗎？」如幼兒需要
   幫忙，教師可以用手拉著幼兒的手重複以上的動作。當幼兒開始自己重
   複這些動作時，就可以把手移開。
7. 遊戲結束後，讓幼兒把材料放回原位。

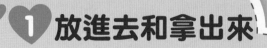

1 放進去和拿出來

● 領　　域：動作技能
● 年　　齡：12～15 個月
● 直接目的：發展手眼協調的能力
● 間接目的：發展專注力
　　　　　　熟悉「裡面」和「外
　　　　　　面」的概念

材料

1. 大張工作毯。

2. 隔成九至十二小格的盒子。用單一顏色的紙遮蓋盒子的外表。

3. 足量相同的物品，其大小要能放入盒子的小格裡。將物品塗上顏色或用
　 單一顏色的紙遮蓋住它們。例如：紙巾、衛生紙或包裝紙的捲筒；豆
　 袋；雕刻木瓶；乾淨的，空牛奶紙盒或鐵罐（具安全的平滑邊緣）。

4. 小籃子裝物品。

步驟

1. 準備一個區分好九至十二格的盒子。

2. 鼓勵孩子幫忙將這個盒子放在工作毯上。

3. 將盒子放在孩子和教師的中間，並開始示範。

4. 將物品一個一個放入分隔的盒子裡。

5. 動作結束後，將籃子朝向孩子，顯示籃子已經沒有物體。

6. 接著邀請孩子操作，例如，教師說：「現在請你將物品放置在盒子
裡。」

▶▶ 示範時要在孩子的非慣用手方向。

改換成小抽屜，讓孩子可以用拉的方式練習。

 **放放看**

- 領　　域：動作技能
- 年　　齡：15～18 個月
- 直接目的：發展精細動作技能
- 間接目的：發展記憶和問題解決能力
  　　　　　尋找隱藏的物體

 材料

1. 工作毯。

2. 托盤。

3. 由五到六片相同的布製作成的布書，連結處以針線牢固地縫好。

4. 在每個右翻頁縫上不同大小、形狀的口袋，以區分不同物品的擺放位置。例如：第一個口袋在正中央，第二個口袋在右邊，第三個口袋在上方等等。

5. 務必確保口袋足夠讓幼兒的手指放入並且能適應大小。左側頁面則保持空白。

6. 選取沒有哽塞危險性的各樣物品放入口袋當中。選擇一些不同形狀和大小的物品，其中一些物品適合所有的口袋大小，一些只適合某些口袋大小。例如：小型車、高爾夫球、餐巾環、木製品、頭巾、手套、簡單的圖片卡等。

▶▶注意事項：不限定口袋可放進多少的物品數量。

1. 打開布書的第一頁，並用手觸摸第一個口袋，教師輕拍能看到的地方和感覺暗藏的物品。
2. 依序將口袋中的每一個物品拿出來。
3. 探索把玩每一個物品。
4. 再將每一個物品，依序放回每一個口袋中。

可將布書改由化妝包來做，將物品放入化粧包內，練習取拿的動作能力。

❤❤❤ **3 轉瓶蓋**

- ● 領　　域：動作技能
- ● 年　　齡：15～18 個月
- ● 直接目的：發展手部靈活度
- ● 間接目的：發展協調性
  　　　　　　培養專注力
  　　　　　　培養解決技能

1. 工作毯。
2. 工作托盤。
3. 一個小的、厚實、乾淨並附有蓋子的玻璃瓶。確保蓋子蓋緊時可以讓孩子上下左右搖晃而不會打開。
4. 一或數個放入瓶子裡的物品。為了吸引小孩，選擇一個有趣、特別、當搖晃時會發出聲響的物品。例如：一定長度的金屬鏈、金屬螺釘（非尖銳的）、大的木珠項鍊、一組鑰匙、小玩具、幾個小勺子。

▶▶注意事項

　1. 瓶身一定要透明。

　2. 蓋子要容易轉動的。

　3. 蓋子不用轉太緊，也可讓幼兒自行轉緊。

步 驟

1. 先將容器和小物品放入籃子，並將籃子放在托盤上。

2. 將工作毯放好，將托盤放在工作毯上。鼓勵孩子一起幫忙。

3. 用手將瓶蓋轉動打開，瓶蓋放在一旁。用手將瓶內的物品一一拿出來。

4. 最後將瓶蓋轉動關好，即可完成活動。

延伸變化

1. 為了保持幼兒的興趣，可更換形狀不同的瓶子及裡面的物品。

2. 當幼兒獲得經驗與技巧後，放二到三種物品進瓶子裡。

3. 放置一定數量的金屬螺絲在瓶子裡（平滑不鋒利的螺絲）。讓幼兒取出物品放在一個盒子裡，下一次還可再用。

4. 放置一定數量的橡皮擦在瓶子裡。

5. 瓶蓋可改成軟木塞或是奶粉罐的蓋子，將此活動延伸為「用塞的」或是「用掀的」方式。

 **4 吸吸看**

● 領　　域：動作技能
● 年　　齡：15～18 個月
● 直接目的：發展手眼協調的能力
● 間接目的：發展專注力
　　　　　　奠定基礎磁學性質的理
　　　　　　解

  材料

1. 工作毯。

2. 工作托盤。

3. 孩子能夠輕易拿起的磁鐵、可以被磁鐵吸起的三種不同金屬物體。例
   如：鑰匙、大型的螺旋桿（非尖銳性）、餐巾環、小時鐘、長鏈、金屬
   罐蓋子、濾茶器、硬幣。

4. 籃子。

 步驟

1. 先將金屬物體放入籃子，並將籃子放在托盤上。

2. 將工作毯放好，將托盤放在工作毯上。鼓勵孩子一起幫忙。

3. 拿起磁鐵吸起物品，一一放在工作毯上。

4. 再將工作毯上的物品一一吸起，放回籃子內。

▶▶注意事項：一定要使用磁鐵可以吸起來的金屬物體。

 延伸變化

可用釣魚的方式來吸起物品。

5 拼拼圖

● 領　　域：動作技能
● 年　　齡：18～21 個月
● 直接目的：發展精細動作的能力
● 間接目的：發展邏輯、專注力和空
　　　　　　間組織能力

1. 工作毯。

2. 工作托盤。

3. 拼圖製作方式如下：

- 選擇幼兒有興趣或是能夠吸引幼兒的圖片或照片，像是：小狗在廚房吃食物的圖片。也可選擇其他的主題，像是：動物的臉、房子、一輛警車、農場情景、戶外環境等。為了讓圖片或照片可長期使用，可用護貝的方式保存。

- 在圖片或照片上剪下三塊圖片當成拼圖塊。例如：如果是一張狗狗在廚房吃食物的圖片或照片，就把狗狗、窗口和燈具剪下；如果有一張臉孔的圖片或照片，就剪下眼睛、鼻子和耳朵。確保拼圖塊可以讓幼兒容易地配對。

步驟

1. 將托盤中的拼圖拿出。

2. 將工作毯放好,將托盤放在工作毯上。鼓勵幼兒一起幫忙。

3. 教師示範將一部分的拼圖拿出來,另一部分可以邀請孩子完成。

4. 教師示範將拼圖拿起來,試放看是否可放入,將拼圖上的每個圖案拿出來試試是否放得進洞裡。

5. 再邀請幼兒完成另一部分的拼圖,請幼兒試試看。

▶▶注意事項:可以在拼圖塊上面加上小手把,使幼兒可以容易拿起。

自製拼圖可以選擇用不同的主題,來吸引幼兒操作。

 **6 串珠珠**

● 領　　域：動作技能
● 年　　齡：15～18 個月
● 直接目的：發展精細動作的能力
● 間接目的：培養手眼協調
　　　　　　發展專注能力
　　　　　　奠定基本寫作的技巧

 材料

1. 工作毯。

2. 籃子。

3. 一條棉繩、六個大型珠子。

4. 棉繩可以串起六個大型珠子。確保珠子都是無毒的，以減少危險。為了
　 不讓珠子滑出繩子的外面，在繩子的一頭上黏上安全的珠子或打結。

 步驟

1. 先將珠子和繩子放入籃子，將籃子放在托盤上。

2. 將工作毯放好，將托盤放在工作毯上。鼓勵幼兒可以一起幫忙。

3. 拿起繩子平放在工作毯上，將棉繩的一端拿起，拿起珠子將繩子穿入洞
　 孔內，依序將每個珠子穿入繩子中。

延伸變化

1. 可將珠子換成其他物品。
2. 可使用坊間現成的動物或衣服圖案進行穿繩子的活動。

7 夾物品

- 領　　域：動作技能
- 年　　齡：15～18 個月
- 直接目的：發展手眼的協調性
- 間接目的：增進專注的能力
　　　　　　發展計數和寫作的能力

1. 工作毯。

2. 工作托盤。

3. 一個夾子。

4. 兩個籃子。

5. 籃子裡有六種不同動物的形狀，可以是玩黏土的模型，也可以是製冰的
　模型。

6. 如果幼兒一直把物品放到嘴裡，確定物品的安全性。

1. 先將動物形狀放入籃子，並將籃子放在托盤上。

2. 將工作毯放好，將托盤放在工作毯上。鼓勵孩子一起幫忙。

3. 教師示範用三指拿起夾子，一次夾起一個動物形狀放在另一個籃子中，
　依序夾完所有的動物形狀。

4. 夾完之後，請孩子再夾回去，讓孩子可以養成物歸原位的好習慣。

可在日常生活中練習夾飯菜及水果。

8 吸管吸水

- 領　　域：動作技能
- 年　　齡：15～18 個月
- 直接目的：發展協調性
　　　　　發展精細動作的技能
- 間接目的：發展專注的能力
　　　　　奠定基礎事件的前後序
　　　　　列關係

1. 工作桌設於離水槽近的區域，以利於將溢出的水擦乾淨。

2. 工作托盤。

3. 一塊吸水小海綿。

4. 大滴管。

5. 兩個形狀和顏色一樣的碟子或碗。

1. 將滴管直立拿起，手壓住橡膠帽後，將滴管放進有水的碗中。

2. 手放開滴管的橡膠帽，讓水吸進滴管中。

3. 再將滴管移到空碗中，手壓橡膠帽讓水滴在碗內。重覆活動，直到吸完全部的水。

4. 再將水吸回原來的碗中，就完成了。

延伸變化

滴管可以換成針筒、小滴管。

三、感官領域

1 認識顏色

● 領　　域：感官活動
● 年　　齡：12～15 個月
● 直接目的：發展感知和辨認原色的能力
● 間接目的：發展視覺能力以及擴大詞彙量

材料

1. 工作毯。

2. 籃子。

3. 彩色小書。三種顏色（三原色：紅、黃、藍）的小書，每本小書中放入六到八張的照片，以實物的照片為主。

4. 每本小書選擇一個原色，將相同原色的照片和紙張放在一起。例如將紅色實物照片貼在紅色紙張上、黃色實物照片貼在黃色紙張上。

5. 為了不分散幼兒的專注力，在製作小書時，只在右邊頁面貼上圖片，左邊頁面保持空白狀態即可。

6. 這本小書應該是具有吸引力的，也要能夠禁得起長期使用。使用金屬扣環固定小書，以便隨時添加或更換頁面。

7. 為了讓小書易於識別，用相同原色的紙張作為封面。

步驟

1. 坐在幼兒的旁邊，說出小書的顏色，邀請幼兒和教師一起看。

2. 翻開第一頁，指著圖片，說出物品的名稱和顏色。

3. 如幼兒停下來說跟圖片有關的事情，靜靜地聽，再把他的注意力拉回來。

4. 繼續翻看接下來的頁面。允許幼兒翻到他想看的那一頁。

5. 當所有的頁面都看完後，邀請幼兒繼續自己翻閱圖片的內容。

1. 增加新的頁數，繼續挑戰幼兒。每 30 天更換新的圖片。

2. 當幼兒獲得經驗與技巧後，加入新的顏色。

- 更換顏色圖卡。

- 邀請孩子尋找周遭環境中的顏色。

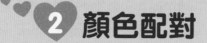

❤❤ 2 顏色配對

- 領　　域：感官活動
- 年　　齡：12～15 個月
- 直接目的：發展認識和辨認顏色的
　　　　　　能力
- 間接目的：發展配對和分類的技能
　　　　　　練習做決定以及擴大詞
　　　　　　彙量

 材 料

1. 工作毯。

2. 工作托盤。

3. 準備兩個不同顏色但相同的物體。如此一來，孩子可以專注於顏色。例
　如：襪子、手套、羊毛球、小豆袋。

 步 驟

1. 坐在幼兒的旁邊，把物品放在工作毯上，不要配對或是以特殊的順序擺
　放。

2. 拿起其中一個物品仔細地檢視，然後擺放在左手邊。

3. 再拿起另一個物品仔細地檢視，然後將它靠近第一個物品。假如相同，
　就和第一個物品放在一起。假如不同，就放在工作毯的右手邊。

4. 重複活動，直到出現兩對一樣的物品，各為不同顏色。例如：兩隻紅襪
　和兩隻藍襪。

5. 邀請幼兒繼續這個活動。

延伸變化

1. 當孩子獲得經驗與技巧後，增加物品的數量。
2. 可延伸為日常生活的活動。如：當布置餐桌時，讓幼兒配對碗和杯子的顏色。
   • 替換內容物（可用孩子生活周遭常見的物品做替換）。
   • 視孩子操作的情形和成熟度增加物品的數量。

3 摸摸看

- 領　　域：感官活動
- 年　　齡：15～18 個月
- 直接目的：培養以觸覺來辨別物體的能力
- 間接目的：發展物體辨別、語言技巧和問題解決能力

 材料

1. 工作毯。
2. 工作托盤。
3. 紙袋或布袋。
4. 三種幼兒熟悉的物品，例如：鑰匙、梳子和杯子；或是牙刷、梳子和球。（宜選用觸摸起來感覺差異較大的物品）

 步驟

1. 坐在幼兒的對面，把物品擺放在工作毯上。
2. 從幼兒的左邊開始，拿起第一個物品，用手去感覺它。
3. 說出物品的名字，並形容物品觸摸起來的感覺。
4. 把物品交給幼兒，請幼兒摸摸看。
5. 打開紙袋，讓幼兒把物品放進去。
6. 繼續摸摸看其他的物品，再放進紙袋裡。

7. 物品都放進紙袋後，把紙袋搖一搖，放在幼兒前面。

8. 讓幼兒把眼睛閉上，請他從袋子裡拿出教師指定的物品。

9. 如果幼兒沒有取得教師所指定的物品，向幼兒道謝，說謝謝的同時再說
一次物品的名稱，然後再讓他拿起那個物品。

1. 增加物品的數量和名字較複雜的物品。

2. 選用觸感呈現對比的物品，如：兩個表面平滑的物品和兩個摸了會
讓人有刺痛感的物品。

3. 替換物品、替換裝袋的材質、看圖卡找物品。

4. 可增加眼罩，戴上眼罩來提袋子的物品。

4 認識環境

● 領　　域：感官活動
● 年　　齡：15～24 個月
● 直接目的：學習在環境中辨認真實
　　　　　　物品的能力
● 間接目的：發展分類技能與專注力
　　　　　　培養記憶和運動技能且
　　　　　　擴大詞彙量

材料

1. 工作毯。

2. 選擇散步的題材。開始前，先介紹此活動已選擇的主題，請孩子根據這
　主題收集相關資訊。主題可以像是某些顏色、形狀或大小，或是某些物
　體，如：葉、花、石頭、棍棒或種子，請幼兒選擇主題。散步時，隨身
　帶一個可以放入散步中所發現物體的手提籃子。

3. 在散步之前，介紹有關主題的活動內容。盡可能介紹比散步還要多的內
　容。如果教師選擇的主題是關於樹葉，介紹樹葉並加以說明，提供有關
　葉子方面的圖書並讓幼兒看圖片，談論葉子給幼兒的感覺、有什麼樣的
　顏色和形狀、哪些地方可以找到它⋯⋯等。如果教師選擇一個關於黃色
　的主題，則要解釋多種的黃色物體，以及介紹與黃色相關的書籍，確保
　幼兒能夠辨認黃色。

4. 重要的是：在散步中認識環境的活動只是引導並啟發幼兒，幼兒對什麼
　有興趣才是最重要的。

1. 坐在幼兒的對面，先選一個主題，例如：葉子的主題。

2. 給幼兒籃子，告訴他找到有關主題的東西時，把它們放在籃子裡。

3. 準備出門時，再和幼兒說一次主題並規定好範圍。

4. 跟隨帶領散步的幼兒。鼓勵幼兒收集五到六個相關主題的物體。

5. 當幼兒拾起某樣物體時，不管它符不符合主題，在幼兒沒有把它放進籃子前都讓他自己觀察。

6. 當幼兒猶豫時，詢問他是否需要幫忙。教師可以讓他看看其他和主題有關的物體，讓他做比較，如果幼兒還是把物體放進籃子裡，不要阻止他，在遊戲結束時，再讓他和有關主題的物體做比較。

7. 當幼兒找到五、六樣物體後，讓幼兒把籃子放在工作毯上，然後坐在幼兒的對面。

8. 將物體一一從籃子裡拿出，每放一個物體在工作毯上時，都要為它命名。

延伸變化

1. 可以讓幼兒從袋子裡拿出你要的物體。（使用袋子來裝散步找到的物品）

2. 盡可能鼓勵幼兒多運用他們的感官，在散步時可強調使用某個感官。如：收集有味道的物體。

3. 讓幼兒把收集回來的物體貼在一張紙上，可以帶回家和家長分享。

4. 當幼兒在散步時，可把焦點放在特殊的動作上。如：尋找可以吹得起來的物體。「吹」這個動作可以開發幼兒語言發展。

• 用觸摸來感覺環境，例如：觸摸草地、樹皮、牆壁，或是用腳踩踏乾枯的落葉。

5 布料配配看

● 領　　域：感官活動
● 年　　齡：18～21 個月
● 直接目的：發展視覺和觸覺配對物
　　　　　　體的能力
● 間接目的：發展配對物體的各種方
　　　　　　式

 材料

1. 大的工作毯。

2. 工作托盤。

3. 準備四種不同圖案或質地的布。圖案的選取可以有渦紋圖案、格子花
   呢、大圓點、小圓點、字、條紋等；質地的選取可以有天鵝絨、毛圈織
   物、毛皮、絲綢或羊毛。

4. 一個可以放入正方形布織品的容器。（一組固定一組配對用）

 步驟

1. 坐在幼兒的對面，把布整齊地擺放在籃子裡。

2. 拿起第一塊布，仔細地查看或是觸摸布料，感覺它的材質。

3. 邀請幼兒觸摸布的材質，再放到工作毯上。

4. 教師依序將四種不同材質的布放在地毯上。

5. 教師拿出籃子裡的一塊布，依材質和布料找到相同的進行配對。

6. 邀請幼兒拿起其他的布進行配對。

7. 當幼兒開始專注在遊戲上時，靜靜地離開。如有錯誤，不要糾正，幼兒
   自己會把錯誤改正過來。

8. 如果幼兒沒有任何行動，可以詢問他是否需要幫忙。

1. 用比較顯眼或是紋理比較特別的紙張來代替布。

2. 可延伸成配對顏色的遊戲，可用一樣圖案但不同顏色的布。

   • 更換材質（紙張、砂紙、絲瓜布）。

   • 同色不同材質。

6 揉麵團

- 領　　域：感官活動
- 年　　齡：18 個月以上
- 直接目的：發展敏銳觸覺的能力
- 間接目的：練習精細動作技能
  發展事物保留的認知能
  力

1. 工作檯和兩張椅子。為了劃定工作空間，也可以在桌子上放塑膠工作
   墊。
2. 工作托盤。
3. 大塊的麵團或是黏土。當購買或使用此種材料時，確保其無毒性。

1. 坐在幼兒的對面。仔細檢查麵團，並用鼻子聞及用手觸碰。
2. 把手放平，再把麵團壓平。
3. 把壓平的麵團拿起來，讓幼兒看。
4. 再把麵團做成球狀，拿起來讓幼兒觀看。
5. 接著把麵團擠成一團，放在桌上，把麵團做成圓柱形。
6. 把圓柱形放在幼兒面前，邀請幼兒重覆老師的動作，做成壓平、球狀、
   圓柱形。

7. 如果幼兒沒有任何動作，詢問他是否需要幫忙。

延伸變化

1. 玩麵團的同時，可以讓幼兒學著用剪刀或是切蛋糕的小刀，將麵團剪或切成一小塊。
2. 提供幼兒一些可以讓麵團變成不同形狀的用具。
3. 給幼兒一籃木栓。示範如何把麵團壓平，再把木栓插進麵團裡。
4. 在活動裡訓練幼兒的手眼協調。給幼兒一籃木栓，示範如何使用槌子把木栓輕輕敲進麵團裡。

7 聽一聽

- 領　　域：感官活動
- 年　　齡：21～24 個月
- 直接目的：發展聽覺的技能
- 間接目的：發展節奏感和精細動作
　　　　　　技能

1. 工作毯。

2. 籃子。

3. 兩個附有蓋子的小容器，例如：維他命的罐子。為了幫助孩子的注意力集中在聲音而非顏色上，需兩個一樣。

4. 在每個容器中各放入一個當搖晃時能夠發出重音或輕音的物體。確保每個容器發出的聲音有明顯的特徵。欲讓容器搖晃時發出重音的話，可以放入的物體有：石頭、大小不同的硬幣、木塊或大鈕釦。欲讓容器搖晃時發出輕音的話，可以放入的物體有：沙子、米、爆米花、橡皮擦、軟木塞或水。

5. 為了安全起見，當容器裝入物體後，緊緊地扣上蓋子，並且用強力膠固定住。

1. 坐在幼兒的對面。
2. 拿起會發出重音的容器，然後搖晃它。說明容器所發出的聲音，如：「大聲的。」一邊保持幼兒的注意力。
3. 把容器交給幼兒檢查。邀請幼兒搖晃容器，當幼兒搖晃時，再重複一次「大聲的」。
4. 讓幼兒把容器放在工作毯上，重複動作，不過這次換拿輕音的容器。
5. 讓幼兒繼續活動，直到他不想玩為止。

1. 增加容器的數量。
2. 讓兩、三個幼兒一起搖晃重音的容器，然後大聲唱歌；搖晃輕音的容器時，小聲唱歌。
   • 將容器改成樂器（例：木魚）。
   • 過程中可適時加入命名三階段。
     ①教名稱：大聲、小聲。
     ②請幼兒指出哪個是大聲，哪個是小聲。
     ③老師指著瓶子說：「這是什麼？」，請幼兒說出「大聲」。

8 辨認氣味

- 領　　域：感官活動
- 年　　齡：21～24 個月
- 直接目的：發展敏銳嗅覺的能力
- 間接目的：練習用不同的方式區分
　　　　　　事物以及擴大詞彙量

 材料

1. 工作毯。

2. 嗅覺籃。

3. 多種氣味獨特的物體。例如：檸檬、柳橙、一塊蜂蠟或蜂蠟蠟燭、一瓶
   醋、香料（迷迭香、肉桂或丁香）。

 步驟

1. 坐在幼兒的對面。說出遊戲吸引人的地方，如：「這些東西都有特別的
   味道哦！讓我們來聞聞。」

2. 從幼兒的左邊開始，拿起第一個物品。

3. 操弄物品以便釋放它的芬香，如：在手中滾動檸檬。

4. 教師閉上眼睛，讓注意力都集中在嗅覺。

5. 教師把物品移到鼻子前，然後深呼吸。

6. 說出氣味，如：「我聞到檸檬的味道。」

7. 張開眼睛，把物品交給幼兒。邀請幼兒把眼睛閉上，聞一聞物品，然後把物品放在工作毯上。

8. 重複活動，直到工作毯上的物品都輪過一次。

9. 邀請幼兒繼續這個活動。

1. 介紹會發出香味的新物品。

2. 增加語言活動，讓幼兒說出每個物品的名稱。

3. 讓兩、三個幼兒和教師圍坐成一個圈圈。每個人都分配一個不同氣味的物品，大家把眼睛閉上，然後開始搓揉手上的物品，再深呼吸，然後把物品傳給下一個人。

4. 延伸成配對遊戲。如：做一張符合籃子裡物品的圖片。當幼兒聞過籃子裡的物品後，讓他們把物品放在圖片上。

5. 除了氣味配對活動，也可以延伸為顏色或形狀的配對，例如：用檸檬可以進行味覺、顏色、形狀等配對。

6. 可將材料替換為調味料、花香（請留意孩子是否有過敏源）。

四、語文領域

1 找出指定物品

- 領　　域：語言活動
- 年　　齡：15～18 個月
- 直接目的：練習詞彙和認識物品
- 間接目的：練習問題解決
　　　　　　發展聽覺與運動技能

 材料

1. 工作毯。

2. 籃子。

3. 幾個幼兒喜歡或常見的物品，例如：玩具、布偶、積木。

 步驟

1. 把物品放在房間裡不同的地方。確定每一樣物品都可以讓幼兒輕易地拿取、也可以清楚的看到。

2. 把籃子放在工作毯上，坐在幼兒的旁邊。

3. 說出物品的名稱讓幼兒去找。在說出物品的名稱時，先停頓一下，吸引幼兒的注意力。

4. 讓幼兒有足夠的時間去搜索，不要干預，除非幼兒需要幫忙。

5. 如果幼兒找到不一樣的物品，謝謝幼兒後再給他更多的提示。例如：「謝謝你的球，現在要找的是兔子。我看到兔子在書櫥的旁邊，請把兔

子帶來這裡。」

6. 如果幼兒沒有試著去搜索或看起來不知道要做什麼，可詢問他需不需要幫忙。再次說出要求，也可以和幼兒一起找。和幼兒一起拿到物品後，再重複一次細節。如：「我看到兔子在這裡了，在書櫃的旁邊，請你拿起兔子，再把它放到籃子裡。」

7. 如果幼兒成功找到物品，微笑然後謝謝他。再邀請幼兒去找另一個物品。

8. 重複活動，直到所有的物品都放回籃子裡。

9. 邀請幼兒審查物品。當幼兒開始專注在物品上時，悄悄地離開。

延伸變化

1. 當幼兒獲得經驗與技巧後，在同一個地點增加物品的數量，讓幼兒去搜尋其中一樣物品。

2. 當幼兒獲得經驗與技巧後，把物品放在比較難找到的地方，增加挑戰性。

3. 讓二至三個幼兒輪流把物品藏起來，再讓其他幼兒去找。

4. 請幼兒將物品歸位或放置某處。

5. 請幼兒將物品丟入垃圾桶。

6. 請幼兒將物品拿給指定的人。

7. 請幼兒到某處拿物品。

❷ 認識顏色

- 領　　域：語言活動
- 年　　齡：15～18 個月
- 直接目的：發展辨別顏色和名稱的能力
- 間接目的：發展視覺和辨別顏色的能力

1. 工作毯。

2. 籃子。

3. 有十張三種不同顏色內頁組成的小冊子——紅色、藍色或黃色，例如黃色小冊子是由黃色的紙和包含黃色物體的圖片所組成。選擇圖片時，請選擇只顯示一種顏色的物體為主。例如：黃色小冊子，只要顯示黃色的花朵即可。其他可以選擇的圖片有：圓圈、花卉、水果、蔬菜、服裝、按鈕、玩具、桌子、旅行車、蠟筆等。

4. 為了讓幼兒學習從左至右的方向，統一把圖片黏貼在右側頁上，左側頁呈現空白。這本小冊子應該是有趣、具有吸引力的，而且幼兒可以自行完成操作活動。

5. 使用白色厚卡紙或海報紙製作小冊子，並且用膠水或膠帶加以黏著固定。使用金屬環把內頁一一串起，以便適時地添加或減少內頁。

6. 為了易於辨別小冊子，封面和封底的顏色需與內頁的紙顏色相同。

▶▶注意事項：讓幼兒念出顏色來，如：這是紅色，車子是「紅色」，蘋果是「紅色」。

 步　驟

1. 先讓幼兒觀察紅色的小冊子，再來是藍和黃。

2. 坐在幼兒的旁邊，把小冊子放在工作毯上。邀請幼兒一起看小冊子，要先介紹小冊子的顏色。如：「這是紅色的小冊子。看它的封面，這是紅色。讓我們一起看看裡面紅色的物品。」

3. 翻開第一頁，指著圖案說出名稱。如：「看，這是紅色的圈圈。紅色。」

4. 繼續翻頁，直到所有的圖案都介紹完。

5. 再翻開第一頁，這次邀請幼兒和你一起說出它的顏色。如：「看，這是紅色的圈圈。現在你說紅色。」

6. 如果幼兒說出正確的音調，跟著他重複一次。如果小孩沒有發出正確的音調，以較慢的速度再說一次。然後翻到下一頁。不要糾正幼兒，重要的是幼兒聽到和嘗試說出物品名稱。

7. 幼兒是不是能夠說出物品的名稱並不重要，重要的是要說出顏色。

8. 如果幼兒並沒有嘗試說出顏色，放慢速度再說一次，就翻到下一頁。

9. 如幼兒停下來說一些有關圖片的故事，聽他說完，再把注意力拉回圖案上。

10. 看完小冊子後，邀請幼兒繼續。當幼兒把注意力放在小冊子上時，悄悄地離開。

 延伸變化

1. 當幼兒獲得經驗與技巧後，可以增加新的小冊子，像橘色、青色和紫色。

2. 每三十天換一些新的圖片。如果幼兒經常進行這個活動，則要更常更換。

3. 訓練幼兒找出和說出小冊子的顏色，選擇大而簡單的圖案。每次著重在不一樣的顏色上。如果幼兒找不到你要的顏色，可以給他一點提示。

4. 讓幼兒在某個範圍找出指定的顏色。如：選擇藍色，說出所有可以找到的藍色物體的名稱，像是短襪、外套、長靴、球、桶子或碗。

5. 藉由水彩來畫出顏色。

6. 將同一種顏色的物品放入透明的玻璃瓶中，讓幼兒搖動中探索顏色。

3 數一數

- 領　　域：語言活動
- 年　　齡：15～18 個月
- 直接目的：熟悉數數和數字
- 間接目的：發展記憶力、邏輯和專
　　　　　　注能力
　　　　　　練習精細動作技能
　　　　　　理解「空」和「滿」的概念

  材料

1. 工作毯。

2. 籃子。

3. 兩個相同顏色的實物。為了讓孩子專注，選擇常見且簡單的物體。例
   如：木製或塑膠製的蛋、積木、乒乓球。不要使用孩子已經習慣使用的
   物體。像是不要使用蠟筆，因為可能吸引孩子的注意力和開始著色，分
   散專注度。出於同樣的原因，也不要使用食物，以免孩子當場吃掉。

 步驟

1. 坐在幼兒的對面。將裝有積木的籃子放在工作毯上。

2. 拿起籃子裡的積木，大聲數出來。如教師說：「讓我們來數數。這是一
   個，這是兩個。」（手握一個時數 1，再拿一個時數 2）「有幾個？兩
   個。」

3. 或把所有的材料放到工作毯上。從幼兒的左邊開始，每碰一個物品就大

聲地數出來。如：「讓我們來數數。這是第一個蛋，這是第二個蛋。」
「有幾個蛋？兩個。」

4. 拿起第一個物品放在碟子一個角落裡，大聲地數出來，拿起第二個物品放在碟子的另一個角落裡，大聲地數出來。再指著碟子裡的物品大聲數出來。

5. 把所有物品放回原來的位子，邀請幼兒和你一起大聲數出來。當你們一起數完後，再把所有的物品放回原來的位置。

6. 邀請幼兒繼續這個活動。當幼兒開始把注意力集中在這個活動上時，靜靜地離開。

1. 當孩子獲得數兩個物品的經驗與技巧後，逐漸增加物品的數量。

2. 讓遊戲生活化。如：邀請幼兒數放在餐桌上的四個湯匙。

3. 教幼兒簡單數數的歌。

4. 當你介紹數字後，盡可能時常使用它們。

5. 用餐夾水果時請幼兒數出數量。

6. 於數數後開放活動或收拾玩具。

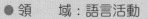

4 聲音和圖片的配對

- 領　　域：語言活動
- 年　　齡：18～21 個月
- 直接目的：認識圖片，擴大詞彙量
　　　　　　和特定的語音能力
- 間接目的：奠定基礎閱讀的能力
　　　　　　發展專注和辨別物體
　　　　　　的能力

 材料

1. 工作毯。

2. 籃子。

3. 一本有六張內頁的小冊子，內頁圖片都是用同一語音開頭。選擇的字包含一或兩個音節，並且從對幼兒最簡單的輔音開始，像是ㄅ、ㄆ、ㄇ、ㄈ。例如：「ㄅ」類的小冊子可能包含：寶寶、背包、報紙。

4. 為了練習從左向右的學習方向，把圖片／照片放在右側頁面，讓左側頁面呈現空白。這本小冊子應該是有趣、具有吸引力的，而且幼兒可自行翻閱。

5. 使用白色厚卡紙或海報紙製作小冊子，並且使用膠布或膠帶加以黏貼固定。

6. 使用金屬環一一串起，以便之後可以添加或減少頁面。

7. 為了讓小冊子易於辨別圖片和照片，可以添加小文字以代表聲音。（例如：「ㄅ」的冊子，封面寫上「ㄅ」）

▶▶注意事項：「」的音放在最前面，如「ㄅ」的音：背包、寶寶、爸爸、報紙、包子、爆米花、豹、玻璃杯……等日常常用的物品，以孩子熟悉的為主。

 步驟

1. 坐在幼兒的旁邊，把籃子放在工作毯上。

2. 邀請幼兒一起閱讀小冊子，介紹小冊子的重點。例如：小冊子裡的照片都是以「ㄅ」開頭的發音開始。

3. 翻開第一頁，指著圖片，說出圖片的名字，強調它的音調。例如：「看，這是寶寶的圖片，寶寶是由音調ㄅ開始的，現在輪到你說『寶寶』。」

4. 如果幼兒正確地讀出來，教師再重複說一次，然後繼續下一頁。

5. 如果幼兒試著說出那個詞，再慢慢地重複一次，然後繼續下一頁。不要對幼兒說「不對」或「不是很正確」這類型評語。

6. 如果幼兒沒有跟著發出發音，再指著圖片慢慢地讀一次，然後繼續下一頁。

7. 如果幼兒停下來說一些有關圖片的事情，靜靜地聽，再把幼兒的注意力拉回小冊子上。

8. 允許幼兒翻到他想看的那一頁。不一定要從第一頁開始。

9. 將冊子給幼兒讓他自己翻閱冊子觀察裡面的圖片。

延伸變化

1. 每 30 天增加新的頁數。

2. 增加新的頁數，直到小冊子裡有 10 到 15 張都是開始於相同發音的詞。

3. 當幼兒獲得經驗與技巧後，找一本幼兒喜歡的圖書，一起找出裡面你在訓練幼兒發音的詞。

4. 當幼兒在簡單的詞彙上獲得經驗與技巧後，找較複雜的詞，兩個或多個音節的，加入小冊子裡。

5 認識相同語音

- 領　　域：語言活動
- 年　　齡：18～21 個月
- 直接目的：練習特定語音的聲音
- 間接目的：發展語彙和認識物體
　　　　　發展專注力和視覺

1. 工作毯。

2. 籃子中放入四個物品，四個物品的發音要相同，且找與真實相像的物品而不是卡通的圖案。例如「ㄕ」的物品選擇有書、梳子、手錶、收音機。

1. 坐在幼兒的對面。對幼兒說出你要訓練的音調，例如：「這個物品是由『ㄑ』開始發音，讓我們看看可以找到什麼物品是以『ㄑ』開始的。」

2. 拿起第一個物品，說出物品的名稱，並邀請幼兒一起說。

3. 如果幼兒說出那個詞，教師再重複一次，然後繼續。

4. 如果幼兒嘗試說出那個詞，教師再重複一次，然後繼續。不要對幼兒說「不對」或「不是很正確」這類的評語，因為幼兒發音還不是很清晰。

5. 如果幼兒沒有嘗試發出聲音，教師再重複一次，然後繼續。

6. 如果幼兒停下來說一些有關圖案的事情，靜靜地聽，再適時把他的注意
力拉回來。

延伸變化

1. 當幼兒在三個物品的訓練獲得經驗與技巧後，增加物品的數量。
2. 當幼兒獲得經驗與技巧後，增加其他的物品。在增加物品之前，要
仔細觀察幼兒，不要太快更換物品以至於幼兒沒有時間重複訓練。
3. 當幼兒獲得經驗與技巧後，介紹詞彙較複雜的物品。

6 物品和圖片配對

- 領　　域：語言活動
- 年　　齡：18～21 個月
- 直接目的：學習圖片和實物的配對
　　　　　　能力
- 間接目的：發展辨別聲音和造字的
　　　　　　技能

1. 工作毯。

2. 工作托盤。

3. 籃子放置幼兒熟悉的真實或看似真實的物品，每一個物品都不同的發音。例如：一顆新鮮的蘋果，一個小金屬豎琴，一個木製或塑膠製的馬。也可以選取其他的物品像是：昆蟲、植物、叢林動物、服裝、家用物品、交通工具或花。另一個籃子放置三張清晰的物品照片。盡可能一張圖片對應一個物品。例如：蘋果圖片上只呈現一顆蘋果，而不是一碗蘋果。

 步 驟

1. 坐在幼兒的對面，拿起一張圖片放在工作毯上，指著圖片，說出圖片上物品的名稱。

2. 若幼兒跟著說出名稱，教師再重複一次，然後繼續。

3. 若幼兒嘗試說出名稱，教師再重複一次，然後繼續。不要對幼兒說「不對」或「不是很正確」這類的評語，因為幼兒發音還不是很清晰。

4. 如果幼兒沒有嘗試發出聲音，教師再重複一次，然後繼續。

5. 如果幼兒停下來說一些有關圖案的事情，靜靜地聽，再適時把他的注意力拉回來。

6. 拿起第二張圖片，放在第一張圖片的旁邊，從幼兒的左邊開始擺放。讓每張圖片相隔幾公分的距離。

7. 不要直接把物品放在圖片上，而是從幼兒的左邊移到右邊，在每張圖片上做短暫的停留。再把物品放在相同的圖片上面，說出物品的名稱，並邀請幼兒重複說一次。

8. 當幼兒拿起物品時，允許幼兒仔細地觀察，再讓幼兒把物品放在相同物品的圖片上面。當幼兒把物品放在圖片上時，說出物品的名稱。

9. 重複步驟 2 到步驟 5。

10. 拾起圖片，重新排列。當教師把圖片放下時，問：「這張圖片是什麼？」等待幼兒回答。

11. 重複步驟 2 到步驟 5。

12. 教師把圖片平放在工作毯上，邀請幼兒繼續這個活動。

13. 當幼兒的注意力放在遊戲上時，悄悄地離開。

延伸變化

1. 當幼兒獲得經驗與技巧後，增加物品和圖片的數量。

2. 更換圖片。

3. 辦一個「配對與說出名稱的遊戲」，在戶外或室內皆可，和幼兒一起玩。例如：拿一個幼兒可以說出名稱的圖片或是物品，讓幼兒找出其他相同的物品。

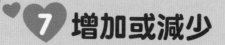 **7 增加或減少**

● 領　　域：語言活動
● 年　　齡：18～21 個月
● 直接目的：熟悉增加或減少的指令
● 間接目的：奠定基礎的數學技能
　　　　　　發展記憶力、邏輯和專
　　　　　　注能力

1. 工作毯。

2. 籃子內放入三個相同且真實的物品。像是：相同的玩具豬、大的金屬
   環、簡單的積木（上面沒有文字或圖片）。為讓幼兒專注於數量而不是
   外觀，選擇相同顏色以及簡單的物品即可。

3. 第一次活動時，不要使用幼兒常見的物品。例如：不要使用蠟筆或沙
   鏟，以免吸引幼兒著色或玩沙而分散注意力。基於同樣的原因，不要使
   用可以直接食用的食物（如：葡萄乾），以避免幼兒在活動中吃掉食
   物。

1. 坐在幼兒的對面。說出活動的重點，如：「讓我們數數看籃子裡有幾隻
   貓。」

2. 慢慢地把第一個物品從籃子裡移到工作毯上。指著物品，說出名稱與數

量，如：「一隻貓。」

3. 從左至右把第二個物品放在工作毯上。指著第一個物品，再指第二個物品，數數的時候要說「增加」，如：「一隻貓……增加一隻……變成……兩隻貓。」

4. 繼續活動，到第三個物品。

5. 拿起第一個物品，放回籃子裡。放回籃子時，把「增加」換成「拿掉」。如：「三隻貓……拿掉一隻貓……變成……兩隻貓。」

6. 繼續活動，直到工作毯上沒有物品。如：「兩隻貓拿掉一隻變……一隻……一隻貓再拿掉一隻貓變……沒有貓了！」把手伸到工作毯上，比出「沒有」的手勢。

7. 重複活動，不過稍微變化。當第一個物品放在工作毯之前先說：「讓我們來數數，一隻豬。」當放第二個物品時，給幼兒機會說出數量。

8. 如果幼兒答錯或沒有回答時，不要糾正他，自己簡單地說出句子就好。

延伸變化

1. 當幼兒可以成功地加減到三時，可以增加數量。

2. 當幼兒有過幾次經驗後，可用食物當材料。

3. 給幼兒一個大麵團，讓他做出形狀和數量，如：六個圓形麵團。

4. 和日常生活的事件或活動結合，如：在公園散步時，可以一起數松鼠或樹的數量。

5. 減少數量後再帶幼兒一起數。

6. 增加數量後再帶幼兒一起數。

8 說說看

- 領　　域：語言活動
- 年　　齡：18～21 個月
- 直接目的：練習聽覺和發音的技巧
- 間接目的：發展認識聲音和造字的
　　　　　技能
　　　　　培養專注力和記憶力

 材料

1. 工作毯。

2. 籃子。

3. 放有三個真實的物品，且是相同發音的物品。

▶▶注意事項：讓幼兒清楚看見老師的發音方式，著重每一個字詞的發音都
　　不同，如：這是「ㄏㄨㄛˇ　ㄔㄜ」，「ㄏ-ㄨ-ㄛ-ˇ　ㄔ-ㄜ」。

 步驟

1. 坐在幼兒的對面，說出活動的重點，如：「今天我們要發ㄏ的音。」

2. 拿起物品握在手上，說出物品的名稱，如：「這是火車，火車是ㄏ的
　 音，現在輪到你說。」

3. 如果幼兒跟著說出名稱，教師再重複一次，然後繼續。

4. 如果幼兒嘗試說出名稱，教師再重複一次，然後繼續。不要糾正幼兒，
　 不要說「不對」或「不是很正確」這類的評語，因為幼兒發音還不是很

清晰。

5. 如果幼兒沒有嘗試發音，教師再重複一次，然後繼續活動。

6. 如果幼兒停下來說一些有關圖案的事情，靜靜地聽，再適時把他的注意力拉回來。

7. 重複之前的詞，這次再增加一樣發音的詞。如：「要發ㄏ的音。這是火車。火車以ㄏ的發音開始。另一個以ㄏ開始的是……『花』。現在輪到你來說。」

8. 重複原來的詞，這次讓幼兒拿著物品，然後邀請幼兒增加第三個詞。

9. 如果幼兒增加的詞不是相同的發音，不要糾正他，但再說一次。

10. 再讓幼兒把物品交給你。

11. 持續重覆的說和增加詞彙，直到幼兒不想繼續活動為止。

延伸變化

1. 用圖片替代實際的物品。

2. 當幼兒獲得經驗與技巧後，介紹較複雜的文字。

3. 製作各式圖片的海報，每個圖片都是以相同的發音開頭。

4. 指定圖片請幼兒唸出名稱。

5. 請幼兒接歌曲或繪本故事的尾音。

五、社會領域

1 寶藏袋

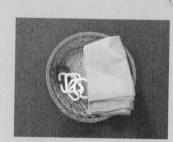

- 領　　域：社會活動
- 年　　齡：12～18 個月
- 直接目的：學習主動探索社會的能力
- 間接目的：發展探索、學習和獨立工作的能力
  培養感官技能、專心度和自信心

  材料

1. 大的工作毯。

2. 六個或更多裝有物品的小袋子。每袋含有不同種類的物品。物品可能會有不同的大小、形狀和顏色。

3. 袋內物品，如：袋子 1 裝各類的小皮包；袋子 2 裝豆袋；袋子 3 裝球；袋子 4 裝卡片（包括印刷卡或紙張）；袋子 5 裝瓶蓋；袋子 6 裝帽子。每個袋子中應當有足夠的物品數量可以供給幼兒，或是有一些額外的物品備用。為了增加感官刺激，選擇的範圍必須是幼兒感興趣和具有吸引力的物品。務必選擇安全物品。例如：小皮包的拉鍊或鈕釦、松球果、有蓋子的小盒子、球、豆袋、餐巾環、海綿、刮刷、羊毛球、木製掛鉤、彩色木珠子、絲綢圍巾、成人襪子、手套、布織物、氣味袋（小布袋縫入香草或香料，如：薰衣草或丁香）。

4. 為維護幼兒的安全及新鮮感，定期改變寶藏袋裡的物品。同樣重要的是，每次使用袋子後，記得檢查和清潔，若物品被弄髒要立即更換，以

免對幼兒造成傷害。

 步 驟

1. 三、四個幼兒一起進行活動。把工作毯放在地上，再把小袋子放在工作毯上。鼓勵幼兒一起幫忙。

2. 讓幼兒在工作毯上圍成一個大圓圈，然後坐下。如果幼兒第一次進行這個活動，教師坐在小袋子的旁邊。

3. 讓一位教師在幼兒的身邊，以備不時之需。

4. 拿起一個小袋子，捲起一點袋口，以便可以看到裡面的物品，再把小袋子放在工作毯上。袋子和袋子之間要距離 50 公分或以上，讓幼兒從這個袋子到另外一個袋子中間需要移動。

5. 邀請幼兒檢查袋子裡的物品。如教師說：「看這些有趣的袋子，你看裡面有什麼？」

6. 當幼兒開始專注於袋子時，悄悄地離開。幼兒開始進行活動時，靜靜地在一旁觀察且不干預，除非幼兒要求教師協助。

7. 把未打開的袋子以繞成圈的方式放在工作毯上。讓袋子和袋子之間有一定的距離，幼兒必須移動以便得到另一個袋子。

8. 幼兒應該會立刻開始探索袋子裡的內容。

9. 當孩子開始進行活動時，悄悄地離開。

 延伸變化

1. 更換袋子的材質。
2. 更換內容物（軟硬、粗細、不同觸感的物品）。

2 模仿一下

● 領　　域：社會活動
● 年　　齡：12～15 個月
● 直接目的：練習簡單的社會互動
● 間接目的：練習回應社會的線索
　　　　　　發展專注度和視覺能力

 材料

1. 大的鏡子。

 步驟

1. 讓幼兒和教師一起坐在鏡子前。

2. 讓幼兒專注鏡子裡的影像，然後說出所看到的。如：「看，我可以看到我們在鏡子裡，那是你，那是我。」

3. 直視幼兒，做一個表情。如：張大嘴巴或是嘟嘴。

4. 等待幼兒模仿教師的表情。當幼兒模仿時，繼續維持表情。

5. 再直視幼兒，做出新的表情。

6. 教師一直重複變化表情（如：高興、傷心、呆滯、皺眉）和動作（如：眨眼睛、讓舌頭進進出出）。

7. 如果幼兒沒有模仿教師，嘗試其他的表情。教師選擇一個看見幼兒會模仿的表情，繼續這個活動。

延伸變化

1. 看圖卡或照片模仿表情。
2. 與孩子直接面對面，進行模仿。
3. 以凹凸鏡變化映照出來的樣子。

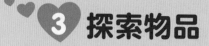

3 探索物品

● 領　　域：社會活動
● 年　　齡：12～18 個月
● 直接目的：培養共享和輪流的能力
● 間接目的：發展預測及語言技能

 材料

1. 工作毯。

2. 籃子。

3. 一個特別有趣的物品，例如：小手鏡、門把、漏斗或空的鉛筆盒、裝有沙子的沙包。

4. 幼兒還沒有建立一個物品使用的所有權。前幾次介紹活動時，選擇一個無法滾動的物品。

 步驟

1. 把工作毯放在地上，把籃子放在工作毯上，坐在幼兒的對面。

2. 為了減少物品在傳遞時的距離，教師以盤腿的坐姿靠近幼兒；或是伸長腳，然後腳趾碰觸到幼兒的腳趾。

3. 拿起物品仔細地檢查，讓幼兒覺得教師發現了一個有趣的東西，盡量用更多的感官去感受。例如：如果觀察的是一個小鏡子，可以轉看這面或

是另一面，聞一聞、摸一摸、看一看，或把物品輕拍地面時聽一聽聲音。

4. 觀察結束後，說出接下來的舉動，強調「輪到你」。如教師說：「現在我把小鏡子給你，這樣才可以『輪到你』來觀察它。」
5. 把物品傳給幼兒，重複提出邀請，再把物品要回來。
6. 當教師接到物品時，對著幼兒微笑，然後謝謝他的分享。
7. 教師再把物體傳給幼兒，重複活動，直到幼兒不想玩為止。

延伸變化

1. 可變換物品內容，如：不同材質、不同功能或能發出不同聲響等。
2. 增加幼兒人數，以延長等待時間。
3. 加入音樂。

4 聽從指令

- 領　　域：社會活動
- 年　　齡：15～18 個月
- 直接目的：練習聽覺技能
　　　　　　從事簡單的社會互動
- 間接目的：發展遵守指令的能力

1. 工作毯（像這樣不需材料配合活動的工作，工作毯不一定必要。但工作毯有利於孩子學習有關劃定工作空間的需求）。

1. 讓嬰兒以站或坐的方式面向教師，將工作毯放在教師與嬰兒之間。
2. 直視幼兒，教師告訴幼兒會做一些特別的身體運動，邀請幼兒模仿。挑選簡單的動作，請幼兒依指令幫忙完成任務。如：拿東西給某某人、幫忙收拾玩具。
3. 讓幼兒有足夠的時間完成指令。
4. 如果過了一段時間幼兒還是沒有模仿教師的動作，輕輕地引導他。
5. 邀請幼兒做其他的動作，直到幼兒不想玩為止。

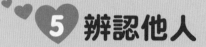

5 辨認他人

- 領　　域：社會活動
- 年　　齡：15～18 個月
- 直接目的：發展社會的技能
- 間接目的：發展分類和配對技能
　　　　　　奠定基礎的符號理解能
　　　　　　力

1. 工作毯。

2. 把海報製作成像「窗戶」（有兩扇可打開和關上的窗葉）的樣子。以下
   為製作和使用海報的方法：

   - 選擇兩張可以把托兒中心的幼兒和成年人或其他志願者的照片通通貼
     上的大型海報紙。照片也可以包括寵物類的圖片，如：倉鼠或魚。

   - 拿出一張海報，將照片排成像窗戶般大小的方形位置，彼此間有一定
     的距離。

   - 沿線切開成窗葉，這樣的處理方式可以更容易地打開窗葉部分。

   - 測試是否每個窗葉能打開。

   - 在照片背面四周塗上膠水貼在另一張海報上。

   - 把兩張海報合在一起，確認一張海報上的窗葉和另一張海報上的照片
     在同樣位置上。除了張貼容易外，也可以添加或減去照片使用雙面膠
     帶固定。

3. 為海報命名，例如：「我們的照片」。

 步 驟

1. 將海報貼在教室的門上或牆壁上，確保幼兒可以輕易地看到。
2. 把工作毯放在海報的前面，讓幼兒圍著工作毯成半圓圈。
3. 活動開始。如：「在這些小窗口的後面是某些小朋友的照片。讓我們打開窗口看看裡面的照片。」
4. 從幼兒左邊到右邊的順序，教師指著第一個窗口，慢慢地打開窗口。
5. 教師近距離地觀看裡頭的照片，再看身邊的幼兒。
6. 教師說出照片裡的人是誰。
7. 邀請幼兒過來站在他自己的照片旁。幫助幼兒尋找特別的特徵，如臉上的痣。
8. 請幼兒打開第二個窗口。幼兒打開後，記得向幼兒道謝。讓幼兒看看圍坐的同學們，再指出照片裡的人是誰。
9. 如果照片裡的人沒有出席，問幼兒是否可以說出他的名字。如果不能，就直接告訴幼兒答案。繼續活動，直到所有的窗口都被打開。

 延 伸 變 化

1. 依同學照片找出同學，並和他互動。
2. 可將活動延伸至園內老師及所有的人，聽老師指令找人。
3. 可將活動延伸至家人或不同職業的人物。

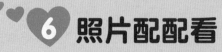

6 照片配配看

- 領　　域：社會活動
- 年　　齡：18～21 個月
- 直接目的：發展社會的技能
- 間接目的：發展聽覺、分類和配對
　　　　　　能力
　　　　　　奠定基礎的符號理解能
　　　　　　力

1. 工作毯。

2. 兩張海報，上面各掛上紙信封或像口袋的東西，開口大小要能夠放入照
　片。讓海報和「口袋」的色彩對比鮮明。例如：一張黃色的海報，上頭
　寫著「今天在這裡」，另一張藍色海報上寫著「今天不在這裡」。籃子
　裡放著每位孩子的獨照，包括沒有出席的孩子。

 步 驟

1. 將海報貼在牆上，讓幼兒面對海報圍坐成半圓圈。

2. 教師解說遊戲的方式。如：「黃色的海報是要貼今天有來的同學照片，
　而藍色的海報是要貼上今天沒來的同學照片。」

3. 從籃子裡拿出所有的照片，放到工作毯上。

4. 拿起一張照片仔細地觀看，再看向所有的幼兒。

5. 如果照片裡的幼兒在現場，把照片交給那位幼兒，說出他的姓名，指著

「今天在這裡」的海報，強調「這裡」，引導幼兒把自己的照片放在海報上的口袋裡。

6. 如果幼兒不在現場，把照片放在沒有出席的海報口袋裡，說出幼兒的姓名和強調「不在這裡」。

7. 繼續活動，直到所有的照片都放到海報上。

8. 把所有照片取下來放在工作毯上，邀請幼兒自己來拿照片，詢問幼兒照片裡的人有沒有在現場。

9. 讓幼兒自己觀察，如果照片裡的人在現場，讓幼兒把照片拿給對方。

10. 依序請幼兒將照片拿給每個在現場的幼兒，再請現場幼兒將照片放回海報上。

11. 繼續活動，直到幼兒失去興趣為止。

延伸變化

1. 詢問照片中的人物是誰？他在哪裡？有沒有來上學？
2. 依老師或同學進行分類。

7 分享物品

- 領　　域：社會活動
- 年　　齡：18～24 個月
- 直接目的：發展分享和輪流能力
- 間接目的：發展語言和精細動作技能

1. 工作毯。
2. 工作托盤。
3. 兩個不同的籃子，一個裝珠子，一個裝兩條繩子。

1. 讓幼兒面對面坐下，把豆板和掛鉤放在工作毯上。

2. 介紹遊戲和強調「分享」這個字。如教師說：「明明，你有一個豆板。佳佳，你也有一個豆板。這裡是給你們放上豆板的掛鉤，你們可以一起『分享』。裡面有很多掛鉤讓你們兩個一起使用。」

3. 幼兒開始遊戲時，悄悄地離開。留在附近，注意幼兒的安全，不要打擾或讓其他的幼兒干擾他們。

4. 時時刻刻觀察幼兒的舉動，一個幼兒可能比另一個幼兒先想要結束遊戲。要隨時注意這個幼兒，幫他把豆板放回原來的位子，讓另一個幼兒

可以繼續他的遊戲。

延伸變化

1. 玩具分享。
2. 合作遊戲。
3. 畫畫的活動。

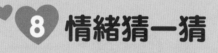

8 情緒猜一猜

● 領　　域：社會活動
● 年　　齡：21～24 個月
● 直接目的：發展社會的技能
● 間接目的：發展回應社會線索與視
　　　　　　覺辨別能力

材料

1. 工作毯。

2. 籃子。

3. 小冊子，內含六頁呈現不同感覺的圖片或人臉照片。選擇簡單的情感感
　受，如：快樂和悲哀，也可以包括非情感感受，如：困倦、冷、熱。小
　冊子的材質要堅固耐用，讓幼兒保有興趣和經常學習。

4. 使用厚卡紙或海報板（統一顏色）製作每頁照片／圖片，並用黏著劑固
　定。用金屬環將所有頁面串在一起，以便可以任意地添加或刪除。

5. 為了讓小冊子易於識別，從中挑選其中一張圖片當成封面。

步驟

1. 坐在幼兒的旁邊，把小冊子放在工作毯上。

2. 說出小冊子的標題，教師邀請幼兒一起翻看。

3. 翻開第一頁，指著第一張圖片。分辨照片顯示的情緒，模仿圖片顯示的

表情和聲音。允許幼兒和教師做出一樣的動作。

4. 繼續看其他的圖片,增加身體的動作。

5. 邀請幼兒繼續活動。當幼兒把注意力都放在小冊子上時,悄悄地離開讓幼兒自己繼續模仿。

1. 加入兩張臉部的表情符號開心和傷心,和許多真實的圖片,進行開心和傷心的分類。

2. 模仿圖片中的情緒表情。

3. 聽到音樂的聲音,說出自己的感受。

六、認知領域

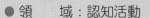

1 形狀配對

- 領　　域：認知活動
- 年　　齡：15～18 個月
- 直接目的：學會辨別幾何形狀
- 間接目的：發展邏輯與專注力
　　　　　　學習良好的動作技能

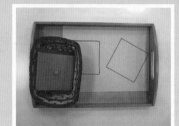

 材料

1. 工作毯。

2. 托盤。

3. 籃子內裝有四個相同形狀的幾何圖形，每一個直徑約 6～9 公分，且全部相同顏色。

4. 用白色或淺色的硬紙板或作圖紙製成海報（25×11 公分或 25×14 公分）。將這張紙轉成水平方向，然後畫出二個均等的圖案。用一個形狀當作樣板放在紙上畫出二個相同的輪廓，一個區塊有一個形狀。除了圓形之外，稍微轉動每個形狀讓它呈現和其他形狀不同的角度。為了讓海報耐用，可護貝或在封面貼上透明紙。

 步驟

1. 準備海報和籃子，並將它們放在托盤上。

2. 將工作毯放好，將托盤放在上面。鼓勵幼兒一起幫忙。

3. 教師坐在幼兒旁邊，將托盤放在前面。

4. 從托盤拿出海報和裝有幾何圖形的籃子，並將它們放在工作毯上。把托盤放在旁邊。

5. 慢慢地從籃子裡拿出幾何圖形放在工作毯上，在海報下面將它們排成一列。

6. 從左至右，教師用手指勾勒出每個形狀的輪廓且小聲地命名。邀請孩子與教師一起勾勒幾何圖形的輪廓，然後將它們放回工作毯。

7. 拿起左邊的幾何圖形，並將它放在海報左邊的第一個輪廓上。

8. 當把幾何圖形放在正確的輪廓上之前，把幾何圖形左右轉動幾次。

9. 教師將全部的幾何圖形都放在海報上，暫停動作並對孩子微笑。

10. 慢慢地從海報上拿走幾何圖形，並將它們放在工作毯上。

11. 邀請幼兒進行這個活動。

12. 安靜地坐下，給幼兒足夠的時間去開始這個活動。

13. 如果幼兒拿起一個幾何圖形並試著去放好它，安靜地看並讓幼兒單獨活動。除非幼兒感到挫折或要求幫忙時才介入活動。

14. 如果幼兒拿起一個形狀，但是沒有試著去放好它，詢問幼兒：「需要我的幫忙嗎？」然後溫柔地引導幼兒用雙手將幾何圖形左右轉動直到它符合這個輪廓。一旦孩子開始被活動吸引，教師溫柔地移開雙手並讓幼兒繼續活動。

15. 當幼兒結束活動後，讓幼兒把形狀放回籃子，將海報和籃子放回托盤，然後將工作毯和材料放回適當位置。這樣就算活動結束。

16. 確認材料擺放在明顯的地方，例如，放在矮的櫃子，讓孩子下次想玩時可以自己操作遊戲。

延伸變化

逐漸改變提供的幾何圖形的形狀。

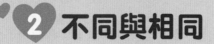

❤2 不同與相同

- ● 領　　域：認知活動
- ● 年　　齡：18～21 個月
- ● 直接目的：發展專注力與邏輯能力
- ● 間接目的：熟悉「相同」和「不相
　　　　　　　同」的語詞
　　　　　　　發展配對與命名的技巧
　　　　　　　發展視覺敏銳力與良好的
　　　　　　　動作技能

  材料

1. 工作毯。

2. 托盤。

3. 籃子裝有三個相同且幼兒熟悉的真實物品，像是三個長方形積木。

4. 盒子或有蓋的籃子。在盒子裡放入一個和籃子中三個物品不同類的物
　品，像是一個花朵造型的手搖鈴。

5. 其他建議的物品：髮梳、髮夾、海綿、蔬菜、襪子、叉子或湯匙。

 步驟

1. 先將三個相同的物品放在籃子裡，一個不同的物品放在盒子裡。此刻蓋
　上盒蓋讓物品消失在幼兒的視線。將籃子和盒子放在托盤上。

2. 將工作毯放好，將托盤放在上面。鼓勵幼兒一起幫忙。

3. 教師面對幼兒坐著，並將托盤放在教師和幼兒的中間。

4. 從托盤中拿出籃子，將它放在工作毯上。將托盤和蓋住的盒子放在旁

邊。

5. 慢慢且謹慎地從籃子裡拿出物品，為它們命名，並將它們放在托盤上。例如，說：「一個長方形積木……另一個長方形積木……這也是一個長方形積木。」將這些物品排放在工作毯上，從孩子的左邊向右邊依序排列。

6. 暫停動作並對幼兒微笑，然後，再從幼兒的左邊向右邊依序慢慢地將每一個物品放回籃子。

7. 將籃子拿給幼兒，請他將相同的物品放在工作毯上。例如，說：「現在換你把梳子放在工作毯上。」當幼兒將物品放在工作毯時，安靜地注視，不要介入幼兒。如果幼兒沒有和教師一樣將物品排成直線，不用糾正他。

8. 當幼兒已經將相同的物品放在工作毯上，將空的籃子放在工作毯的一邊。

9. 伸手去拿托盤上的盒子。慢慢地打開盒蓋並往盒子裡看。將藏在盒子裡的物品拿出。把盒子放在托盤附近。

10. 舉起這個物品並為它命名，然後將它拿給幼兒觀察。例如，說：「這是一個花朵造型的手搖鈴。它和積木不一樣。」

11. 把這個物品拿給幼兒，並鼓勵幼兒去觀察它，然後將這個物品放在工作毯上，放在三個相同物品的旁邊。

12. 請幼兒將特定的物品放回它們原本的容器。例如，說：「我們現在把每樣物品放回去。可以請你給我一個……積木……放入籃子嗎？」為幫助幼兒專注，在說出物品的名字之前先暫停。如果幼兒拿給教師正確的物品，微笑並對他說：「謝謝你！」

13. 如果幼兒給的物品不是教師要求的，例如：「謝謝你給我手搖鈴。我會將它放進盒子裡。現在可以請你給我一個……積木……放入籃子嗎？」

14. 繼續活動，直到這些物品都放回它們適合的容器。重複活動直到幼兒沒有興趣為止。

15. 當幼兒結束活動後，讓幼兒將這些物品放回正確的容器，將籃子和盒子

放在托盤，再將工作毯和材料放回適當位置。這樣就算活動結束。

16. 確認材料擺放在明顯的地方，例如，放在矮的櫃子，讓幼兒下次想玩時可以自己操作遊戲。

1. 當幼兒獲得經驗與技巧後，逐漸增加物品的數量並增加複雜度。例如：水果、蔬菜、玩具動物和運輸工具、衣物、模型（木製、紙類、塑膠）、大鈕釦和硬幣。

2. 不提供實際的物品，改為提供展出實物物品圖片的護貝卡片。讓其中一個物品和其他物品明顯不同。想法如下：昆蟲（例如，三隻蝴蝶和一隻螞蟻）、花卉（例如，五朵雛菊和一棵樹）、衣物（例如，兩件襯衫和一隻襪子）、食器（例如，四支木製湯匙和一個攪拌器）。

3. 提供日常生活中常用的物品，像是三支湯匙和一支叉子。

③ 畫出形狀來

- 領　　域：認知活動
- 年　　齡：18～21 個月
- 直接目的：發展物體形狀辨識與配
  對技巧
- 間接目的：發展幾何形狀的辨識能
  力
  發展專注力與良好的動
  作技能

（材）（料）

1. 工作毯。

2. 托盤。

3. 大張的硬紙板數張。

4. 籃子裝有基本幾何形狀的金屬餅乾模型，例如圓形。一枝蠟筆或粗鉛
   筆，為了讓幼兒能清楚地看見輪廓，筆的顏色要選擇和紙張對比的顏色
   （例如，黑色蠟筆畫在黃色紙張）。

（步）（驟）

1. 先將物品放在籃子，並將籃子和紙張放在托盤。

2. 將工作毯放好，將托盤放在上面。鼓勵幼兒一起幫忙。

3. 教師坐在幼兒旁邊，將托盤放在前面。

4. 從托盤裡拿出籃子和紙張。將托盤放在旁邊。

5. 教師從籃子裡拿出金屬餅乾模型並觀察它。用手指慢慢地描出形狀的輪

廓。

6. 將金屬餅乾模型拿給幼兒，邀請幼兒觀察，然後將它放在紙上。

7. 拿起蠟筆。用一隻手將金屬餅乾模型牢牢壓在紙上，用蠟筆慢慢且謹慎地將金屬餅乾模型的形狀畫下來。牢牢壓著讓輪廓清楚呈現在紙上。

8. 拿起金屬餅乾模型並將它放在旁邊。

9. 教師用手描出紙上的輪廓，然後邀請幼兒也來描繪輪廓。

10. 將金屬餅乾模型朝著紙上的輪廓挪動。將金屬餅乾模型左右移動直到它準確地吻合這個輪廓。

11. 暫停動作並對孩子微笑。

12. 邀請幼兒進行這個活動。例如，說：「現在換你用餅乾模型來畫一個圓形。」確認紙上有足夠的空間可畫其他的輪廓，也可以提供幼兒一張新的紙。

13. 給幼兒足夠的時間去開始這個活動。

14. 如果幼兒開始進行活動，安靜地走開並讓幼兒單獨活動。不要糾正幼兒，且不要介入或中斷活動。

15. 如果幼兒沒有開始動作或是看起來不知道該做什麼，詢問他：「需要我的幫忙嗎？」然後溫柔地引導幼兒用手拿起蠟筆並畫下輪廓。一旦幼兒被活動吸引，溫柔地移開雙手並讓他繼續活動。

16. 當幼兒結束活動後，讓幼兒將金屬餅乾模型和蠟筆放回籃子，將籃子放在托盤，並將工作毯和材料放回適當位置。活動即結束。

17. 確認材料擺放在明顯的地方，例如，放在矮的櫃子，讓幼兒下次想玩時可以自己操作遊戲。

延伸變化

1. 提供其他幼兒熟悉的、各種簡單形狀的金屬餅乾模型。例如：動物、植物和花卉、貝殼、車子、房子和建築物。

2. 餅乾模型可用果醬蓋、木頭積木或其他堅固物品來代替。

3. 當孩子獲得經驗與技巧後，在活動中加入變化。提供兩個不同的餅乾模型，但只畫其中一個輪廓在紙上，在輪廓放上合適的餅乾模型之前，先拿一個餅乾模型試著相配，然後再換另一個。這個活動的重點在於用輪廓去配對正確的餅乾模型。

4. 當孩子獲得一些經驗與技巧後，可延伸為一個有創意的活動。提供兩個形狀截然不同的餅乾模型，像是圓形和菱形，和兩支不同顏色的蠟筆，像是藍色和紅色。邀請孩子在圖畫紙上做出形狀，並用這張紙來包裝小禮物送給父母或朋友。

❹ 數字配對

- ● 領　　域：認知活動
- ● 年　　齡：18～24 個月
- ● 直接目的：熟悉數字所使用的符號
- ● 間接目的：發展數數的技巧
　　　　　　發展良好的動作技能

1. 工作毯。

2. 用黑色硬紙板或卡片材料剪下數字 1 到 10 的圖形。

3. 數張大張的硬紙板。

4. 用白色硬紙板或卡片材料製作一套數字 1 到 10 的數字卡，每一張卡片的左上方畫有數字的輪廓，右上方畫有相同數量的垂直黑色小圓點。例如：數字 1 的卡片上會有一個圓點，數字 2 的卡片上會有二個垂直排列的圓點，以此類推。將這些數字卡護貝或在封面貼上透明紙張，讓它們可以長期的使用。

5. 將活動要使用的數字和數字卡放入淺的盒子，將剩下的數字和數字卡放在旁邊，留待下次可使用。

1. 先選擇兩個數字圖形和與之對應的數字卡,並將它們放在淺的盒子裡。第一次進行這個活動時,選擇數字 1 和 2 的數字卡和圖形。

2. 將工作毯放好並將托盤放在上面。鼓勵幼兒一起幫忙。

3. 坐在幼兒旁邊,將托盤放在前面。

4. 拿起盒子,從盒子裡拿出兩張數字卡,將它們一起排放在工作毯上。

5. 從盒子裡拿出數字圖形,並將它們放在工作毯上靠近數字卡的右邊,垂直擺放且沒有特定排序。然後將盒子放在旁邊。

6. 舉起第一個數字圖形。

7. 慢慢且謹慎地用數字圖形比照兩張數字卡上的數字輪廓。教師把形狀放在正確的輪廓之前,讓數字圖形左右轉動幾次。

8. 第二個數字圖形重複這個動作。

9. 暫停動作並對幼兒微笑。

10. 慢慢地從數字卡上拿起數字圖形,且再次將它們排成直線放在工作毯上。

11. 邀請幼兒進行這個活動。例如,說:「現在換你來配對數字圖形。」

12. 給幼兒足夠的時間去開始這個活動。

13. 一旦幼兒拿起一個數字圖形並開始試著去放好它,安靜地走開,讓幼兒單獨活動。不要糾正或介入幼兒。

14. 如果幼兒沒有開始動作或是看起來不知道該做什麼,詢問他:「需要我的幫忙嗎?」然後溫柔地引導幼兒用手拿起一個數字圖形並比對每一個輪廓。一旦幼兒被活動吸引,溫柔地移開你的雙手並讓幼兒繼續活動。

15. 當幼兒結束活動後,讓幼兒將數字卡和圖形放回盒子,然後將工作毯和材料放回適當位置。活動即結束。

16. 確認材料擺放在明顯的地方,例如,放在矮的櫃子,讓幼兒下次想玩時可以自己操作遊戲。

延伸變化

1. 當幼兒獲得經驗與技巧後，逐漸地增加提供的數字卡，一直到 10 為止。

2. 用這些數字卡做成小冊子，從 1 到 10 排列，讓幼兒可以看見數字的順序。確認加上有數字和相同數字的小圓點的封面。

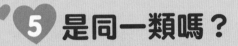

5 是同一類嗎?

● 領　　域：認知活動
● 年　　齡：18～21 個月
● 直接目的：奠定理解概念的基礎
● 間接目的：培養分類的概念與專注
　　　　　　力
　　　　　　發展物體辨識和字彙能
　　　　　　力

1. 工作毯。

2. 籃子。

3. 一本有主題的、十到十二張特有物體照片或實物圖片的小冊子,非卡通
人物。例如,一本關於狗的小冊子,包含不同品種的狗圖片,可用下面
方式製作:

- 從過期日曆上剪下圖片,或上網查狗的圖片。為幫助幼兒維持專注在
一件事上,每張圖片只呈現一個物體。例如,圖片上只能呈現一隻
狗,旁邊不能有樹。

- 讓小冊子變得引人注目,且要堅固和耐用。頁面使用厚紙板或海報
板,並用膠水將圖片黏上。為幫助幼兒一次只專注在一件事上,每一
頁都要使用相同的顏色。使用金屬環將書頁串在一起,以便日後增加
或減少書頁。

- 將圖片放在右書頁,讓左書頁保持空白。

- 封面頁放一張該主題的圖片，讓這本冊子更容易辨認。例如在主題是「狗」的小冊子中，教師可以從小冊子裡面複製一張照片貼在封面頁。
- 其他的小冊子，教師可選擇孩子熟悉或有興趣的主題。例如：貓、馬、昆蟲、各種表情的人臉、玩具、水果、蔬菜、農場動物、叢林動物、衣物、家用品、樂器、運輸工具、植物與花卉、幾何圖形等。

步驟

1. 先準備小冊子，並將它放入籃子。
2. 將工作毯放好，將籃子放在上面。鼓勵幼兒一起幫忙。
3. 教師坐在幼兒旁邊，將籃子放在前面。
4. 從籃子拿出小冊子，將它放在工作毯上。將籃子放在旁邊。
5. 說出小冊子的主題，並邀請幼兒一起閱讀它。例如，教師說：「這是一本關於狗狗的小書。讓我們看看全部的狗狗。」確認小冊子面向幼兒，讓他能清楚看見從左往右翻頁。
6. 翻到第一頁並觸摸第一張照片，用簡單詞彙形容它。例如，說：「一隻狗有四條腿和一條垂下的尾巴，且會發出狗吠聲像是：『汪汪！』瞧，這是一隻狗。」觸摸照片的每一個部位，慢慢且清楚地說。如果孩子說起這張照片，安靜地聆聽不要打斷。
7. 當教師和幼兒已經觀察完這張照片且說完之後，翻到第二頁。再一次觸摸這張照片並和孩子介紹它。鼓勵孩子去觸摸並說說關於這張照片的事情。
8. 剩下的頁數重複這個活動，確認你在說明時觸摸每一張照片。
9. 如果幼兒想要，可以讓他翻書頁。如果幼兒有關於日常生活照片的故事要說，恭敬地聆聽，然後再將孩子的注意力帶回書本。例如，說：「是的，這是一隻有趣的狗狗。現在讓我們來看看下一頁是什麼狗狗。」
10. 當教師和幼兒看完每一張照片，邀請幼兒繼續這個活動。例如，教師說：「現在換你看看這本書。」一旦幼兒專注在小冊子上，安靜地離

開，讓幼兒自己活動不受干擾。

11. 當幼兒結束活動後，讓幼兒將小冊子放回籃子，再將工作毯和材料放回適當位置。活動即結束。

12. 確認材料擺放在明顯的地方，例如，放在矮的櫃子，讓幼兒下次想玩時可以自己操作遊戲。

1. 為維持幼兒的興趣，定期地增加或改變小冊子裡的照片。

2. 當幼兒獲得經驗與技巧後，介紹照片中更多的細節，並激發幼兒更仔細去看。例如，在一本狗狗的小書中，可以選擇在進行多種活動的狗狗，像是狗在牧羊或是在游泳。

3. 針對年齡較大的幼兒，可讓這個活動著重在語言命名，例如：在一本狗狗的小書中列舉狗狗的品種，像是聖伯納犬、博美狗、德國牧羊犬、北京犬和西班牙長耳獵犬，且專注在每個品種獨特的外貌。或者，在一本昆蟲的小書，列舉昆蟲的種類，像是螳螂、蟑螂、螞蟻、蝴蝶和大黃蜂，且專注在每個品種獨特的外貌。教師可介紹奇特和複雜的語詞，大部分幼兒喜愛使用它們。

4. 當幼兒獲得經驗與技巧後，讓小冊子的照片都放在書頁的右手邊，將左手邊的書頁剪成三條細長片。首先如往常一般呈現小冊子，讓幼兒有機會去說出照片的名字。然後呈現使用左手邊書頁的任二條細長片蓋住的右邊的書頁。指出照片露出的部分並邀請幼兒去辨識這張照片。例如，教師說：「我看見四條有毛的腿，你覺得這隻動物是什麼呢？」如果幼兒還不能辨識出這張照片，將第二條細長片翻回並討論呈現出來的部分。例如，說：「現在我看見一顆有毛的頭，兩隻下垂的耳朵，和一個粉紅色的舌頭。你覺得這是什麼？」一旦幼兒辨識出這張照片，邀請幼兒再次用細長片將它蓋住。

6 排一排事件的順序

- 領　　域：認知活動
- 年　　齡：18～21 個月
- 直接目的：發展邏輯和學習事件的
　　　　　　順序
- 間接目的：發展專注的能力
　　　　　　培養語言的技巧

 材料

1. 工作毯。
2. 籃子。
3. 一本小冊子，內含十至十二張大且清楚、主題是幼兒在學校的一天的照片，照片以早上進學校到下午放學為頁面排列順序。為加強幼兒的左右概念，照片放在右邊的書頁，左邊書頁保持空白。小冊子要吸引人、堅固和耐用。頁面使用厚紙板或海報板，並用膠水將照片黏上。為幫助幼兒一次只專注在一件事上，每一頁要使用相同的顏色。使用金屬環將書頁串在一起，以便增加或減少書頁。放一張幼兒的照片在封面，讓這本冊子更容易辨認。

 步驟

1. 準備小冊子，並將它放入籃子。
2. 將工作毯放好，將籃子放在上面。鼓勵幼兒一起幫忙。

3. 教師坐在幼兒旁邊，將籃子放在前面。

4. 從籃子拿出小冊子，並將它放在前面的工作毯上。將籃子放在旁邊。

5. 教師說出小冊子的主題，並邀請幼兒一起閱讀。例如，教師說：「這是一本關於你在幼兒園一天的小書。讓我們來看看裡面有什麼。」

6. 翻開至第一頁，觸摸第一張照片，說：「看，你在那兒。這是你上學做的第一件事，你和老師問好並放下書包。」談論照片並指出照片的每個部分，慢慢且清楚地說。強調用詞「第一個」和「下一個」。如果孩子聊到關於這張照片的事，專心聆聽不要打斷。

7. 當幼兒已經看完第一頁且討論完之後，建議他翻到下一頁。例如，教師說：「讓我們來看看你和老師問好，還有你放下書包之後做的下一件事。」

8. 翻開至第二頁並觀察這張照片，再次觸摸它並和幼兒討論這張照片。鼓勵幼兒指出照片上的物體、人物和動作。

9. 接下來的每一頁重複這個動作。確認你有觸摸每一張照片當你命名它時。

10. 如果幼兒想要，可以讓他翻頁。如果幼兒有關於日常生活照片的故事要說，恭敬地聆聽，然後再適時地將幼兒的注意力帶回書本。例如，教師說：「是的，那是你在遊戲場玩的時候做的事情。讓我們來看看你做的下一件事。」

11. 當你和幼兒已經看完每一張照片，邀請幼兒繼續這個活動。例如，教師說：「現在換你看看這本書。」一旦幼兒專注在小冊子上，安靜地起立離開，讓幼兒自己活動不受干擾。

12. 當幼兒結束活動後，讓幼兒將小冊子放回籃子，再將工作毯和材料放回適當位置。活動即結束。

13. 確認材料擺放在明顯的地方，例如，放在矮的櫃子，讓幼兒下次想玩時可以自己操作遊戲。

延伸變化

1. 為維持幼兒的興趣，定期減少或增加小冊子裡的照片。

2. 某日，將小冊子放在附近，讓你和幼兒可以比照每張照片到幼兒的活動。例：戶外活動，裡面的照片放幼兒在戶外運動順序的照片。

3. 做一本以最愛的動物為主角來經歷事件順序的小冊子。使用實物的照片或圖片，而非卡通圖畫。例如，呈現寵物或農場動物每天從早上醒來到晚上睡覺的生活。

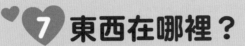

7 東西在哪裡？

- 領　　域：認知活動
- 年　　齡：21～24 個月
- 直接目的：發展記憶和專注能力
- 間接目的：培養解決問題的技巧
　　　　　　發展視覺敏銳力

1. 工作毯。
2. 托盤。
3. 籃子裝有兩個小的且不同尺寸、形狀的不透光容器，像是小杯子和小盒子。要能在地毯上輕易地推動這個容器。例如：果醬罐、邊緣平滑的罐子、一般果醬或桶子的蓋子。
4. 能輕易滑動且能放進任何一個容器的有趣物體。例如：亮彩色有孔珠子、積木、照片、小鏡子、錫箔小球或鑰匙。

1. 先將容器和小物體放入籃子，並將籃子放在托盤上。
2. 將工作毯放好，將托盤放在工作毯上。鼓勵幼兒一起幫忙。
3. 教師面對幼兒坐下，將托盤放在教師與幼兒中間。
4. 從托盤拿出籃子，將籃子放在工作毯上。將托盤放在旁邊。

5. 將兩個容器從籃子拿出來，將它們放在教師前面的工作毯上。現在，將籃子和小物體推到旁邊。

6. 觀察這些容器。教師用雙手摸過它們，看看裡面，輕輕地搖動它們。邀請幼兒也來觀察這些容器。然後將它們放回托盤。

7. 將兩個容器倒放在工作毯上，然後從籃子拿出小物體。將籃子放在旁邊。

8. 用一隻手拿起這個小物體，讓孩子可以看見它。

9. 用另一隻手舉起地毯上其中一個容器，確認幼兒可以清楚看見教師的動作。

10. 慢慢且謹慎地移動，把小物體放在這個容器下面，然後將這個容器放回工作毯。教師舉起雙手，讓幼兒能看見手中沒有東西。

11. 慢慢地在工作毯上圍繞移動兩個容器，讓它們改變位置。

12. 暫停動作並對幼兒微笑。

13. 暫停數秒鐘，然後拿起蓋住小物體的容器，並拿出這個小物體。用手將小物體舉高，讓幼兒可以看見它。

14. 再次確認幼兒可以清楚地看見教師的動作，重複這個過程，這次將小物體藏在另一個容器下面。

15. 再重複一次，藏完小物體且移動完容器之後，邀請幼兒去找出來。例如，說：「現在換你舉起容器，裡面藏有一顆亮亮的有孔珠子。」

16. 給幼兒足夠的時間去開始這個活動。

17. 如果幼兒專注在這個活動上，安靜地看。如果幼兒沒有第一次就成功找出蓋住小物體的容器，不要中斷或糾正幼兒。

18. 如果幼兒沒有試圖拿起其中一個容器，或看起來不知道該做什麼，詢問他：「需要我的幫忙嗎？」然後溫柔地引導幼兒的手去靠近蓋住物體的容器。一旦感覺幼兒的手在移動，教師即移開雙手並讓孩子繼續活動。

19. 重複活動，直到幼兒沒有興趣為止。如果幼兒表現出挫折的訊息，結束這個活動，且再用其他時間呈現活動。

20. 當幼兒結束活動後，讓幼兒將容器放回籃子，將籃子和小物體放回托

盤，再將工作毯和材料放回適當位置。活動即結束。

21. 確認材料擺放在明顯的地方，例如，放在矮的櫃子，讓幼兒下次想玩時可以自己操作遊戲。

1. 當幼兒獲得經驗與技巧後，逐漸增加容器的數量至三個或更多。
2. 當幼兒獲得經驗與技巧後，邀請幼兒來「藏」這個小物體。

8 物品和圖片配對

- 領　　域：認知領域
- 年　　齡：21～24 個月
- 直接目的：發展邏輯和組織的能力
- 間接目的：發展專注力與良好動作
　　　　　技能

 材料

1. 工作毯。

2. 托盤。

3. 裝有三張護貝卡片的籃子，卡片內容可以為照片、切割的圖片或生活物品。為幫助幼兒一次專注在一件事上，三張卡片全使用相同顏色的紙張。每一張卡片應展現不同的概念或種類。例如，如果主題是關於鳥類、樂器和農場動物，這些卡片上應該有天鵝、管樂器和馬的圖片。

4. 裝有三個真實的物品的籃子。這些物品應該呈現和卡片相同的三個概念，但是並非完全一樣。例如，為了配合卡片上所描繪的，你可以選擇一個陶瓷的貓頭鷹、銅製豎琴裝飾品和一隻陶瓷的豬。盡可能選擇生活中真實的物品，不要使用卡通角色。

5. 仔細確認計劃呈現的材料：

- 避免在概念上的混淆。例如，如果教師放條紋短袖圓領汗衫和條紋鉛筆，幼兒可能根據「條紋」的概念來配對，而非依照你計劃的「短袖

圓領汗衫」和「鉛筆」的概念來配對。

- 盡可能每一次只呈現一個概念。例如，圖片上僅呈現一匹馬或有其他馬群，不要有馬房或樹木。
- 最後，顏色不是這個活動的重點，確認這些物品和卡片上的圖片不是相似的顏色。其他的建議概念有：昆蟲、水果、蔬菜、叢林動物、寵物、魚類、海洋生物、衣物、家用品、運輸工具、植物和花卉、建築物、形狀、錢幣。

 步 驟

1. 準備卡片的籃子和物品的籃子，將它們放在托盤上。
2. 將工作毯放好，將托盤放在上面。鼓勵幼兒一起幫忙。
3. 教師面對幼兒坐下，將托盤放在教師和幼兒中間。
4. 從托盤拿出籃子，將它們放在前面的工作毯上。將托盤放在旁邊。
5. 教師拿起卡片的籃子，並將籃子放在膝上。
6. 從幼兒的左邊到右邊依序慢慢且謹慎地從籃子拿出卡片，並將它們在工作毯上排成一排。將卡片的籃子放在旁邊。
7. 拿起物品的籃子，將它放在你的膝上。慢慢地拿出物品，並將它們隨機排列在工作毯上。
8. 再從幼兒的左邊到右邊，依序慢慢地舉起每個物品，短暫停在每一張卡片的旁邊。進行比對，若一樣便放卡片下面，若不一樣繼續比對下一張卡片，直到找到相同的卡片。
9. 用其他兩個物品重複比較和配對的過程。
10. 暫停動作並對幼兒微笑。
11. 從幼兒的左邊到右邊，依序慢慢從工作毯上一個接一個地移動物品，並將它們放回籃子。卡片也重複這樣的動作。這能讓幼兒看見順序和組織性。
12. 如果這是你第一次對幼兒呈現這種類型的活動，且孩子仍然感覺有趣，重複活動直到放完全部的卡片。

13. 邀請幼兒進行這個活動。例如，給幼兒物品的籃子並說：「現在換你用圖片來配對這些物品。」

14. 給幼兒足夠的時間去開始這個活動。

15. 如果幼兒專注在這個活動上，安靜地觀看，不要中斷或糾正幼兒。

16. 如果幼兒沒有開始活動或看起來不知道該做什麼，詢問他：「需要我的幫忙嗎？」然後溫柔地引導幼兒用手拿起一個物品，並與每一張卡片比對。一旦感覺幼兒被活動吸引，溫柔地移開你的手並讓孩子繼續活動。

17. 結束這個活動後，讓幼兒將物品和卡片放回它們的籃子，並將籃子放回托盤，再將工作毯和材料放回適當位置。這樣就算活動結束。

18. 確認材料擺放在明顯的地方，例如，放在矮的櫃子，讓幼兒下次想玩時可以自己操作遊戲。

延伸變化

1. 當幼兒獲得經驗與技巧後，逐漸地增加物品和卡片的數量至十組或更多。

2. 不用物品去配對卡片，而是用一組一組的卡片來配對。介紹三張卡片，每一張呈現一個不同的概念，然後呈現另外三張和其分別對應的卡片，且用概念來配對。例如：籃球的圖片應該被放在海灘球的圖片旁邊，棕櫚樹的圖片應該被放在楓樹的圖片旁邊，以此類推。

三

走路期課程活動設計

24～36
個月

一、日常生活領域
扣釦子・清洗廚房物品・清洗餐巾・製作水果沙
拉・擦窗戶・縫紉・轉一轉

二、動作技能領域
剪黏土・打孔器・夾衣夾・海綿吸水・串珠珠・
走線・夾紅豆・舀石頭

三、感官領域
顏色配對・尋找寶藏・顏色與圖案的配對・區分大小和形狀・探索箱・自然觀察・
種植植物

四、語文領域
認識動物的圖片・認識身體的部位・相同聲母的圖片・相同聲母的物品・數字本・
創造故事・熟悉字母和發音・聽有聲書

五、社會領域
開門和關門・一起搬物品・繪畫創作・表情遊戲・戶外活動・動一動・
找同伴遊戲・打奶油

六、認知領域
物品分類・圖片配對・物品與數字・配對幾何形狀・形狀配配看・
排列事件的順序・分數拼圖・
配對雙親的照片

一、日常生活領域

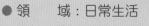

❤ 1 扣釦子

● 領　　域：日常生活
● 年　　齡：24～27 個月
● 直接目的：發展幼兒穿衣服的能力
● 間接目的：促進手眼協調的發展
　　　　　　建立自尊心和培養獨立
　　　　　　能力

材料

1. 工作毯。

2. 三種衣飾框。例如：一個有暗釦的衣飾框、一個一般鈕釦的衣飾框和一個附有拉鍊的衣飾框。一次呈現一種衣飾框。

步驟

1. 選擇一種衣飾框，確定鈕釦是解開的。

2. 坐在幼兒的旁邊，將衣飾框放在前面。

3. 扣上鈕釦。讓每個鈕釦穿過鈕孔，直到所有鈕釦都扣好。

4. 停下動作，對幼兒笑一笑，告訴幼兒：「我們已經扣上所有的釦子，現在要慢慢解開所有鈕釦。」

5. 邀請幼兒自己做扣鈕釦的動作。

6. 完成後，讓孩子解開鈕釦，再把衣飾框放回原來的位置。

▶▶ 注意事項

1. 暗釦的錯誤控制為「扣上後卻拉不開」。暗釦的操作步驟：指→對準→壓（兩個大拇指壓）。

2. 扣鈕釦時，「穿的孔要拉大一點」，「鈕釦在下、布在上」。鈕釦的操作步驟：指→穿→抓→拉。

3. 拉拉鍊的步驟：抓抓頭→指→穿→拉。

4. 練習拉拉鍊時，可由老師扣上抓頭，幼兒拉拉鍊。

5. 建議可拿幼兒自己的衣物作為練習會更適當。

有拉鍊的筆袋或餐具。

② 清洗廚房物品

● 領　　域：日常生活
　年　　齡：24～27 個月
● 直接目的：發展日常生活中的基本
　　　　　　能力
● 間接目的：發展自我照顧能力
　　　　　　發展獨立性
　　　　　　訓練手腕和手部的能力
　　　　　　促進感官的能力

材料

1. 裝水的水桶。

2. 小海綿。

3. 泡沫式洗潔精。

4. 晾乾物品的架子。

5. 洗碟子用的水盆。

6. 幼兒尺寸拖把。

7. 兩件圍裙，一件大人尺寸，一件幼兒尺寸。

8. 水桶裡有一些可清洗的廚房物品。例如，空鐵罐（清洗後可以回收。出
　 於安全，務必拿走尖銳的蓋子並確認邊緣是平滑的）、沾有東西的金屬
　 盤、打蛋器、馬鈴薯搗碎器、攪拌器、蛋杯、勺子、不銹鋼水壺、木製
　 筷子、砧板、有蓋子的小鍋子。

▶▶注意事項

1. 此項工作需靠近水源。

2. 可在固定桌操作。

3. 固定桌的東西：海綿、清潔劑、瀝水盆；圍裙、拖把可掛放在旁邊。

4. 清潔劑的水盆一定要起泡。

5. 可在清潔劑的瓶身標註按壓的次數（此為錯誤控制）。

6. 裝水的水桶上要貼上線，以示裝水的高度。

7. 清理、整理環境的水要拿去倒掉。

 步驟

1. 教師邀請幼兒一起到水槽清洗骯髒的東西，並穿上圍裙。

2. 和幼兒一起把裝有物品的水桶放到水槽旁邊。

3. 拿起水盆，請幼兒把盆子裝滿水。

4. 加一點洗碗精在水裡，然後攪拌出泡泡。

5. 從水桶裡拿出要洗的物品，並用小海綿來清洗。過程中，若水不小心滴到地上，拿拖把將地上擦乾淨。

6. 沖洗乾淨後，將物品放在瀝水架上。

7. 邀請幼兒進行該活動。

8. 如果幼兒沒有任何動作，不要強迫他。教師可以弄一些泡泡或是潑水吸引幼兒的目光。

9. 活動結束後，引導幼兒把所有東西放回原位。

清洗玩具球或餐具。

3 清洗餐巾

● 領　　域：日常生活
　 年　　齡：27～30 個月
● 直接目的：發展自我照顧能力
　　　　　　培養獨立與自主的能力
● 間接目的：訓練手腕和手部的力量
　　　　　　促進感官的能力

材料

1. 幼兒尺寸的洗手台。

2. 泡沫式洗潔精。

3. 兩個洗碟子用的水盆。

4. 幼兒高度的曬衣架。盡可能將曬衣架放在將會使用的水槽旁，並在曬衣
   架下放置一條毛巾，用來吸水和保持地板不會濕滑。

5. 幼兒尺寸的拖把。

6. 一條圍裙。

7. 裝了一些餐巾的籃子。

8. 曬衣夾。

步驟

1. 教師邀請幼兒穿上圍裙，一起到水槽清洗骯髒的餐巾。

2. 教師和幼兒一起把籃子放到水槽旁邊。

3. 拿出洗碗用的水盆，讓幼兒將兩個水盆裝滿水。

4. 加一點洗潔精在水裡，攪拌出泡泡來。

5. 把餐巾放進水盆裡，在水裡用雙手摩擦餐巾的兩面。

6. 慢慢擰掉餐巾的洗潔精泡泡，再把餐巾放到乾淨的水盆裡。

7. 在乾淨的水盆裡摩擦餐巾，再拿起餐巾擰乾。如果餐巾還在滴水，就再擰乾一次。

8. 把餐巾拿到曬衣架上曬乾。

9. 邀請幼兒開始進行該活動。

10. 如果幼兒沒有任何行動，不要強迫他。可以用泡泡或是潑水吸引他的目光。

11. 活動結束後，引導幼兒把所有東西放回原位。

曬餐巾的步驟：拉→放→掛→壓→夾。

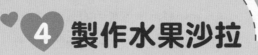

4 製作水果沙拉

● 領　　域：日常生活
　年　　齡：27～33 個月
● 直接目的：發展生活自理能力
● 間接目的：練習精細動作的能力
　　　　　　培養感官能力與專注能
　　　　　　力

 (材)(料)

1. 一個托盤。

2. 可濾水的籃子，裡面放有易剝或切好的水果，如：香蕉、香瓜、西瓜。
其他建議使用的水果有：桃子、李子、水梨、楊桃、木瓜、柑橘、草莓
（第一優先清洗）。

3. 圓滑邊的奶油刀。

4. 砧板。

5. 水果碗。

6. 清理果汁用的海綿。

7. 廚餘桶。

8. 圍裙。

1. 教師邀請幼兒一起準備水果沙拉，洗手後穿上圍裙。

2. 把水果放在工作桌上。

3. 把其中一個水果放到砧板上，再拿起刀子。視水果的類型削去果皮或剝去果皮，再把水果切一半，將果皮放到廚餘桶中。

4. 和幼兒一起觀察水果的樣子，看看水果的裡面和種子，再聞一聞。觀察果皮，用手指描繪果核的形狀，再切一小塊來嚐嚐。

5. 繼續把水果切成小塊，把切好的水果放到碗裡。在這過程中，假裝不小心把水果的汁液滴到桌上，再用海綿把桌子擦乾淨。

6. 邀請幼兒進行該項活動。

7. 活動結束後，把物品放回原位。

▶▶ 注意事項

    1. 幼兒須先具備拿刀和刨刀的能力。

    2. 貼上彩色膠帶，以示手指按壓的位置。

    3. 切的的步驟：切→推。

    4. 不建議 2～3 歲幼兒使用蘋果進行活動，若要使用，請將蘋果先切成三等份（橫切）。

    5. 可用大黃瓜進行刨刀練習。

    6. 若食材為小黃瓜、胡蘿蔔，須先煮熟。

5 擦窗戶

● 領　　域：日常生活
● 年　　齡：27～33 個月
● 直接目的：發展生活自理能力
● 間接目的：增進序列和提前計劃的能
　　　　　　　力
　　　　　　建立自尊心和獨立性
　　　　　　練習粗大和精細動作能力
　　　　　　開發感官和專注能力

 (材)(料)

1. 窗戶。其他建議物品有：門、大型窗戶、黑板或是與孩子高度相當的鏡
　 子。為了安全起見，務必確認物品狀態良好，並貼近地面水平，能夠讓
　 孩子經常清理。

2. 水源。確保孩子可以很容易取得水源。在室內，也許是一個幼兒尺寸的
　 洗手台；在戶外，可能是花園的自來水水龍頭或是水管。

3. 毛巾或大片棉織布。

4. 水桶。

5. 裝有清潔劑的容器。

6. 如果是在室內的活動，準備幼兒尺寸的拖把。

7. 圍裙。

步驟

1. 邀請幼兒一起清潔物品。

2. 讓幼兒裝半桶水，並將水桶拿到物品的旁邊。

3. 拿起一條毛巾和一個裝有清潔液的容器。

4. 到物品前面，向幼兒形容物品被擦乾淨後的樣子。

5. 在物品上噴清潔液後，從物品的左上角開始擦拭，以從左到右、從上到下的方式用毛巾將物品擦乾淨，再將毛巾洗乾淨。

6. 重複擦拭的動作，再邀請幼兒進行該項活動。

7. 活動結束後，把物品歸回原位。

▶▶ 注意事項

1. 若要倒水，一桶裝有泡沫的水，一桶裝清水，且要有水量控制線。

2. 須靠近水源處。

3. 可將清潔相關物品放置在固定桌。

4. 擦拭步驟：穿圍裙→鋪防水墊→裝水→按清潔劑起泡→擦拭。

5. 擦拭方向為由左至右、由上至下。

6. 全部擦完後再準備一個大海綿來吸沒有擦乾的水。

7. 用乾淨的水來清洗海綿。

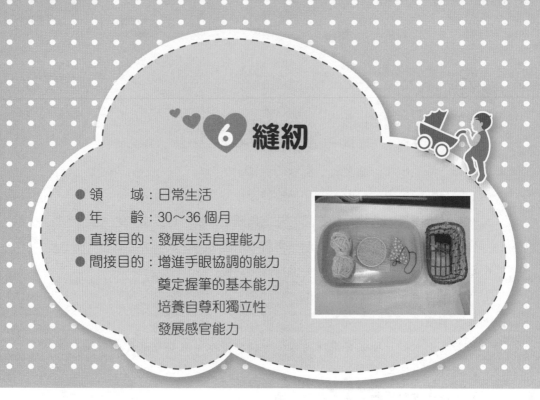

6 縫紉

● 領　　域：日常生活
● 年　　齡：30～36 個月
● 直接目的：發展生活自理能力
● 間接目的：增進手眼協調的能力
　　　　　　奠定握筆的基本能力
　　　　　　培養自尊和獨立性
　　　　　　發展感官能力

 材料

1. 工作毯。

2. 籃子（如果可能的話，一個附有蓋子的縫紉籃）。

3. 繡花框架，大約直徑 36 公分。在框架上有一塊大型、厚的、鬆散的亞麻巾或棉布，或其他的寬廣網狀布料。

4. 可插針的針墊。

5. 幼兒尺寸的頂針。在線的尾端打一個大結。為了降低孩子的挫折感，確認此結不會很容易地通過布織品後被拉出來。

6. 幼兒安全剪刀。

▶▶安全注意：使用工具的所有活動，如針頭、頂針和剪刀，大人須在旁嚴密地協助與觀察。在孩子使用過後或沒有使用時，要將這些工具放置在一個安全的位置。

步驟

1. 坐在幼兒的旁邊,籃子放在幼兒前面。

2. 如果是第一次進行活動,先向幼兒介紹縫紉工具,並分清楚哪一面是繡花框架的上方,哪一面是下方。

3. 一手拿針,一手拿繡花框架,開始縫紉。

4. 從框架的下方開始縫,把針穿過布料後,再把針拉出來直到不能再拉為止。

5. 再將針從上面穿過布料,到布料的下方,繼續縫紉直到線用完為止。如果可以,縫一些簡單的圖案,如方形。儘量在繡花框架的下方做結尾。

6. 當線拉到底時,把框架轉過來,拉緊針線,再把線剪斷。

7. 停下來對幼兒笑一笑,把剛才縫製的線慢慢地從布料中拉出來。

8. 邀請幼兒進行該項活動。

9. 活動結束後,把所有物品放回原處。

▶▶注意事項

1. 此為刺、穿的動作。

2. 須給予幼兒圓頭針。

3. 張開的長度為測量線長的長度。

4. 縫紉步驟:下→拉→上→拉。

5. 防滑墊也可作為縫紉的材料。

 **轉一轉**

● 領　　域：日常生活
● 年　　齡：30～36 個月
● 直接目的：發展生活自理能力
● 間接目的：增進手眼協調的技巧
　　　　　　學習問題解決的方法
　　　　　　發展語言和感官的能力
　　　　　　培養依循步驟行事的能力

材料

1. 工作毯。

2. 籃子。

3. 大的螺絲組。

步驟

1. 坐在幼兒的旁邊。

2. 將螺絲與螺帽分別放在兩個籃子裡。

3. 先拿出螺絲，再拿出螺帽，並將其對準栓緊。

4. 邀請幼兒進行該項活動。

5. 活動結束後，引導幼兒將物品歸位。

延伸變化

轉瓶蓋（如：膠水瓶）。

二、動作技能領域

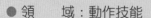 1 剪黏土

- 領　　域：動作技能
- 年　　齡：24～27 個月
- 直接目的：奠定基礎握筆的技巧
　　　　　　學會使用剪刀剪東西
- 間接目的：發展手指靈巧的技能
　　　　　　培養自理的獨立性
　　　　　　發展認知領域的能力

材料

1. 托盤。
2. 一把幼兒尺寸的剪刀。
3. 揉成球狀的黏土。
4. 一個小碟子。

步驟

1. 坐在幼兒的右邊。
2. 把黏土揉成一刀能剪斷的寬度。
3. 把黏土放在桌上,再拿起剪刀。教師先示範三次,讓幼兒知道剪刀的操作方式。
4. 拿起黏土,開剪時說「開」,把黏土放在剪刀中間,合剪時說「合」,再慢慢地剪下黏土。
5. 當剪斷的一小截黏土掉在桌上時,撿起來放到小碟子裡。

6. 重複活動，直到黏土被剪成四到五小段。

7. 將小碟子裡的黏土和剩下來的黏土揉成一刀能剪斷的寬度。

8. 邀請幼兒進行該活動。

9. 活動結束後，引導幼兒把物品放回原來的地方。

▶▶ 注意事項

    1. 請使用安全剪刀。

    2. 幼兒有使用剪刀「開」、「合」的能力。

    3. 剪刀放置於中間。

更換剪的物品，如：紙、繩子、厚紙、布。

2 打孔器

● 領　　域：動作技能
● 年　　齡：24～30 個月
● 直接目的：奠定基礎的握筆能力
　　　　　　強化手指和手部的肌肉
● 間接目的：發展手指的靈巧能力
　　　　　　培養創造與思考能力

 材料

1. 托盤。

2. 形狀打孔器。

3. 三張不同顏色的正方形色紙。

4. 一個小碗。

▶▶注意事項

　1. 打孔器要有重量，放置於桌上。

　2. 紙張裁成條狀。

　3. 紙張材質要硬一點，如：壁報紙、雲彩紙。

　4. 雙手按壓使用打孔器。

 步驟

1. 教師坐在幼兒的右邊。

2. 拿起打孔器，試著開合打孔器幾次，將打孔器放在桌上，雙手壓示範著

開合，嘴巴說「壓～」並示範三次，讓幼兒知道使用的方法。

3. 拿起紙張，把紙張放進打孔器裡，然後用力壓，讓幼兒看到打孔器所壓出來的紙片形狀。

4. 重複三至四次，拾起壓出來的紙片形狀放進小碗裡。

5. 邀請幼兒進行該活動。

6. 活動結束後，引導幼兒把物品放回原來的位置。

1. 可準備壓果汁的器具，讓幼兒擠柳丁汁。

2. 準備三明治的器具，讓幼兒製作吐司三明治。

3. 準備餅乾壓模，讓幼兒製作餅乾。

 **3 夾衣夾**

- 領　　域：動作技能
- 年　　齡：24～30 個月
- 直接目的：發展手眼協調的能力
- 間接目的：培養專注力
  學習操作簡單的生活工
  具

1. 托盤。
2. 一個盒子或罐子（可用市面上可購得的開放式籃子，材質相同較適宜）。
3. 罐子裡放有五個衣夾。

1. 教師坐在幼兒的右邊。
2. 左手拿起衣夾嘴，右手拿起衣夾尾巴，右手用力壓，嘴巴說「壓～」，做出開衣夾的動作；右手輕放，嘴巴說「放～」，做出合衣夾的動作，並示範三次。
3. 右手用力壓打開衣夾，嘴巴說「壓～」，夾住盒子的外緣，嘴巴說「夾～」，右手輕放開衣夾，重複此動作，將衣夾全夾在盒子上。
4. 從籃子裡拿起一個衣夾，邀請幼兒試試看。

5. 衣夾夾完後收回籃子裡。

6. 繼續這個活動，直到所有的衣夾都放回罐子裡。

7. 邀請幼兒進行該活動。

8. 活動結束後，引導幼兒把所有物品放回原來的位置。

延伸變化

1. 使用不同顏色的夾子吸引幼兒。

2. 用數字夾讓幼兒學習認識數字。

3. 用有動物圖案的夾子吸引幼兒。

4 海綿吸水

● 領　　域：動作技能
● 年　　齡：24～30 個月
● 直接目的：發展手眼協調和精細動
　　　　　　作的能力
● 間接目的：培養專注力和奠定握筆
　　　　　　的能力
　　　　　　發展生活自理能力

 材料

1. 托盤。
2. 一個適合幼兒的小型尺寸海綿。
3. 兩個相同的容器，一個空的，一個裝八分滿的水。
4. 兩件防水圍兜，一件教師尺寸、一件幼兒尺寸。
5. 擦手巾。

 步驟

1. 帶幼兒到水源區取水。
2. 教師坐在幼兒的右邊。
3. 把裝滿水的容器放在幼兒的左手邊。
4. 拿起海綿，放進有水的容器裡，嘴巴說「放」，讓海綿吸收水分（看到
　 海綿吸水時，臉上露出驚訝的表情）。
5. 海綿吸飽了水，用手輕輕拿起，等待水滴完。

6. 等待海綿不滴水時，把海綿拿到幼兒右手邊空的容器上。

7. 壓擠海綿時，嘴巴說「壓海綿」，讓水流進空的容器裡。

8. 重複活動，直到左邊容器的水全部被移到空的容器裡。再將右邊的水全部移回左邊空的容器裡。在這過程中，假裝讓水不小心濺到桌面上，再用海綿把水擦乾。

9. 邀請幼兒進行該活動。

10. 活動結束後，把所有的物品放回原位。

▶▶ 注意事項

1. 靠近水源區，必要時設立固定桌，有水擺放於左邊，設置乾淨海綿和用過的海綿。

2. 錯誤控制：手不會伸到碗裡面壓，用木漿海綿吸水性較佳。

整理桌子、擰毛巾、擦桌子、清洗擦手巾。

5 串珠珠

- 領　　域：動作技能
- 年　　齡：27～33 個月
- 直接目的：發展握筆的姿勢與技巧
- 間接目的：發展手眼協調的能力

材料

1. 托盤。

2. 籃子放有木製珠子。確保珠子已塗上無毒漆或清漆。

3. 一條長 30 公分的繩子。為了不讓珠子從另一邊滑出，在尾端綁上大鈕釦或是安全的短木塊。

▶▶注意事項

以 2～3 歲幼兒可串的數量，從左至右串珠，確保幼兒看得見教師穿繩的動作。

步驟

1. 坐在幼兒的右邊。

2. 一手拿起繩子，觀看並將繩子拉長，開頭在左，打結在右，平放在桌面，觀看長度及打結處。

3. 一手拿起繩子，另一手拿起一個珠子，觀看後，再將珠子洞口面向幼

兒。

4. 將繩子靠近珠子，用繩子穿過珠子，教師說：「穿」。

5. 將珠子拉（推）至繩子的尾端，教師說：「拉（推）。」

6. 重複活動，直到穿過三或四個珠子，可詢問幼兒是否要試試看。

7. 接著再把珠子從繩子裡一個一個拿出來，放回籃子裡。

8. 邀請幼兒進行該活動。

9. 遊戲結束後，把物品放回原位。

製作序列卡、變換珠子大小、變換繩子粗細。

6 走線

- 領　　域：動作技能
- 年　　齡：27～33 個月
- 直接目的：發展肢體平衡的能力
- 間接目的：發展粗大動作的技能
　　　　　　增加對身體的認識

 材料

1. 寬膠帶（依幼兒腳板寬度的一倍或兩倍大，在地板黏上連續線，這條線可以圍成任何的形狀，但兩端應要交會在某一點）。
2. 輕柔的音樂。

 步驟

1. 空間探索：走線時把右手往旁邊伸直測量距離，和膠帶平行，再把左手邊往旁邊伸直。
2. 站起來，將腳踩在線上，腳跟碰著腳尖慢慢地走，先向右邊移動。
3. 移動時，小心地把一隻腳放在另一隻腳的前方，抬起雙手保持平衡。教師邀請幼兒一起在膠帶上走動，對幼兒說：「如果你已經準備好了，可以跟在我的後面。」
4. 繼續直走回起點。如果幼兒遇到困難，陪他再走一次（向左邊移動）。若幼兒真的無法走線，只要一隻在線上，另一隻腳不在線上也行。

5. 重複幾次後，讓幼兒走在前面，教師跟在後面。

6. 重複幾次後，讓幼兒自己一個人進行遊戲。

▶▶注意事項：前幾次老師示範與介紹活動時，使用小型的直線，孩子和教師可以慢慢地走動幾分鐘。走完一圈為一個行程，即完成一次的工作。

1. 地線貼出不同的圖案（如愛心、花型）。

2. 於高低處黏貼地線，例用教室的高低差別，貼上線，讓孩子沿線走在高低處。

7 夾紅豆

- 領　　域：動作技能
- 年　　齡：27～33 個月
- 直接目的：發展手眼協調和精細動
  作的能力
- 間接目的：增進操作的專注力
  發展數數和握筆的能力

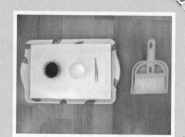

 材料

1. 工作托盤。
2. 兩個相同大小和形狀的容器。一個模具是空的，另一個模具放有少量紅
   豆。
3. 小夾子。
4. 幼兒尺寸的小掃帚和畚箕。

 步驟

1. 教師坐在幼兒的右邊。
2. 把裝紅豆的小模具放在幼兒左手邊，空的小模具放在幼兒的右手邊。
3. 左手拿起夾子，右手抓住夾柄，壓時教師說「壓」，放時教師說
   「放」，操作夾子三次，讓幼兒知道它使用的方式。
4. 拿起夾子壓時教師說「壓」，夾起一顆紅豆時教師說「夾」，將紅豆放
   進空的小模具時教師說「放」。

5. 重複這個動作幾次。在過程中，如果紅豆不小心掉在桌上，用手撿回即可。

6. 結束後，用鑷子將右手邊的紅豆再夾回左手邊的模具裡。

7. 邀請幼兒進行活動。活動結束後，把物品歸回原位。

變換夾取物（如：義大利貝殼麵）、增加數量。

8 舀石頭

- 領　　域：動作技能
- 年　　齡：30～36 個月
- 直接目的：發展手眼協調和精細動
  作能力
- 間接目的：發展手腕握筆基本能力
  練習日常生活自理能力

 材料

1. 工作托盤。
2. 一個大的圓形湯匙，如：長柄木頭湯匙。
3. 兩個相同大小和形狀的碗。一個碗是空的，另一個碗裝有重量的物品。
   例如：石頭。

 步驟

1. 教師坐在幼兒的右邊。
2. 將裝石頭的碗放在幼兒的左邊，空碗放在幼兒的右邊。
3. 拿起湯匙時教師說「握」，用湯匙舀起石頭時教師說「舀」，將石頭放
   進空碗裡。
4. 重複幾次。在過程中假裝不小心將石頭掉在桌子上，用手將石頭撿起放
   回碗裡。
5. 將石頭全部舀進右邊的碗後，再用湯匙把石頭舀回原來左邊的碗裡。

6. 邀請幼兒進行活動。活動結束後，將物品歸回原位。

變換舀的物品：螺帽、義大利貝殼麵、大彈珠。

三、感官領域

1 顏色配對

● 領　　域：感官活動
● 年　　齡：24～30 個月
● 直接目的：發展找出相同顏色的能力
● 間接目的：發展精細動作技能

 材料

1. 兩個大的罐子，一個紅色，一個黃色。
2. 籃子附有八顆大小相同的小球。四顆球塗上紅色，另四顆球塗上黃色。
   其他的建議物品有：大珠子、金屬罐的蓋子、木塊。

 步驟

1. 教師坐在幼兒的對面，把籃子和兩個罐子放在桌上。
2. 拿起一個小球。
3. 把球移到兩個罐子上方，比對它們的顏色。
4. 找到和球一樣顏色的罐子，並將球放進罐子裡。
5. 將所有的球都依顏色放進兩個罐子裡。
6. 完成後，拿起其中一個罐子，把球倒進籃子裡；再拿起另一個罐子，把球倒進籃子裡。
7. 邀請幼兒進行該活動。

8. 遊戲結束後，把物品放回原處。

換不同的物品，能吸引幼兒工作的物品，如動物、車子。

2 尋找寶藏

- 領　　域：感官活動
- 年　　齡：27～30 個月
- 直接目的：發展認識環境的感官能
　　　　　　力
- 間接目的：發展專注和記憶力
　　　　　　練習配對與提升語言的能力
　　　　　　發展身體動作的基本能力

  材料

1. 一些感官的「寶物」圖片與物品。由一張厚紙張或卡紙製作，收集很容易在學校、室內和室外找到的物品，及與物品一樣的實物圖片，盡可能選擇出現五種感官：視覺、觸覺、聽覺、味覺和嗅覺的物體，如手搖鈴、書包、砂紙。四種圖片排一排，貼在同一張卡紙上，並貼上保護膜讓此教具可重複使用。例如：一份清單顯示紅色物體，一份清單顯示會發出聲音的物體，另一份顯示會發出氣味的物體。

2. 一個有提把的籃子。幼兒用這籃子裝入清單，並收集尋找來的寶物。

 步驟

1. 坐在幼兒的旁邊，把圖片放在桌上，確保幼兒看到圖片。

2. 向幼兒說出活動的重點。如：「現在我們要出去找寶物，這圖片裡的物品就是我們要找的東西。」

3. 仔細觀看第一個物品，但不要說出物品的名字。

4. 站起來把圖片放進籃子裡，觀看四周。當看到物品時，拿起它將物品和圖片做比對，然後搓一搓、搖一搖或是聞一聞物品，最後將物品放進籃子裡。

5. 找第二張圖片裡的物品，方式同上。

6. 邀請幼兒找出圖片中第三和第四個物品。

7. 遊戲結束後，把物品歸回原位。

1. 變換其他有吸引力或幼兒有興趣的物品。

2. 將物品放在遠處，請幼兒拿圖片去比對尋找。

3 顏色與圖案的配對

● 領　　域：感官活動
● 年　　齡：27～30 個月
● 直接目的：發展認識和辨別顏色的
　　　　　　能力
● 間接目的：發展顏色的配對能力

 材料

1. 十雙襪子。每雙有都有不同的圖案或顏色。
2. 兩個籃子。在每一個籃子裡，各放入十隻不同花色和圖案的襪子。其他建議的物品有：連指手套、棒球手套等。

 步驟

1. 把襪子分別放進兩個籃子裡。
2. 教師坐在幼兒的對面。
3. 慢慢地從幼兒左邊的籃子裡拿起一隻襪子。
4. 在另一個籃子裡，一隻一隻地和手上的襪子比對，直到找到相同的襪子為止。
5. 重複活動，直到所有的襪子都配對好。
6. 再把襪子一隻一隻分別放進兩個籃子裡。
7. 邀請幼兒進行該活動。

8. 當活動結束後，把物品歸回原位。

變換其他有吸引力的物品，如動物、車子。

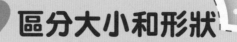# 4 區分大小和形狀

- 領　　域：感官活動
- 年　　齡：27～33 個月
- 直接目的：發展視覺辨別的能力
- 間接目的：發展精細動作的能力
　　　　　　了解大小的概念

材料

1. 紙板上有三個正方形的洞。正方形有不同的尺寸，左側的正方形最大，向右逐漸縮小。也可以用其他的形狀，如三角形或圓形。確保每個紙板上只有一種形狀。

2. 三個符合紙板的正方形。紙板和正方形顏色相同，讓幼兒將重點放在大小，而不是顏色。

步驟

1. 坐在幼兒的對面。

2. 拿起紙板觀看洞口，把手指放進最大的洞口裡。

3. 從盒子裡拿出一個正方形。

4. 從幼兒左手邊的洞口開始，拿一個正方形和每個洞口做比較。最後，把正方形放進最適合的洞口裡。

5. 重複活動，直到所有的正方形都放進正方形的洞口裡。

6. 從幼兒的左手邊開始，慢慢地把所有的正方形取出來。

7. 邀請幼兒進行該活動。

8. 活動結束後，把物品歸回原位。

1. 換成圓形、橢圓形、五邊形等不同形狀。

2. 換成動物或車子大到小的圖案。

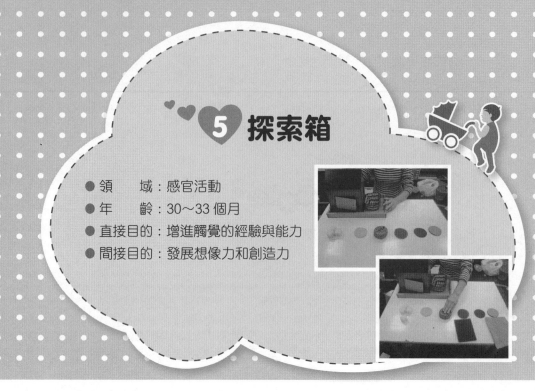

5 探索箱

● 領　　域：感官活動
● 年　　齡：30～33 個月
● 直接目的：增進觸覺的經驗與能力
● 間接目的：發展想像力和創造力

 材料

1. 一個有洞且看不到裡面東西的箱子。
2. 六種不同材質的物品各兩樣。
3. 籃子。

 步驟

1. 六個不同材質物品放箱子裡。
2. 六個不同材質物品放籃子裡。
3. 教師坐在幼兒的對面，將探索箱放在教師與幼兒中間。
4. 先擺放好籃子裡物品，再摸箱子裡的物品，一隻手摸外面的物品（控制），一隻手摸箱子裡的（配對）。
5. 當教師摸到和外面同樣觸感的物品時，便將箱裡的物品拿出，檢視是否正確。
6. 若不對，再放回物品，直到找到相同材質的物品。

7. 邀請幼兒進行該活動，拿下一個物品。

8. 活動結束後，把物品歸回原位。

延伸變化

換其他不同材質的物品。

6 自然觀察

● 領　　域：感官活動
● 年　　齡：30～36 個月
● 直接目的：增進大自然的經驗
● 間接目的：發展感官及語言的能力
　　　　　　練習日常生活中可行的
　　　　　　技能
　　　　　　能安靜觀察並尊重其他
　　　　　　生命的能力

 材料

1. 可和孩子坐下或躺臥的有草皮的戶外區域（以不損害庭園植物為前提）。
2. 幼兒尺寸的放大鏡。
3. 適合戶外活動的衣服和鞋子。
4. 注意安全事項：合宜的天氣。如果陽光燦爛，有可能放大鏡會燒傷兒童或草坪。選擇陰天或太陽不是那麼烈的天氣，最好在清晨或傍晚時做這項活動。

 步驟

1. 把幼兒進行活動的範圍用繩子圈起來。
2. 邀請幼兒到屋外尋找有趣的東西。
3. 拿起放大鏡，和幼兒一起到屋外去。
4. 教師展示圈起來的地方給幼兒看，表示不能超出繩子外。教師趴下來，

邀請幼兒趴在教師的旁邊。

5. 拿起放大鏡靠近草地，眼睛靠近放大鏡，慢慢觀看。

6. 給幼兒放大鏡，讓他知道放大鏡可以讓草和石頭看起來變大。如：教師
   先用眼睛看草地，再用放大鏡看草地。做一個愛護地球的模範，不要直
   接把草拔起來觀看。

7. 和幼兒一起靜靜地觀看在活動範圍內的東西，如：蒲公英、小花、葉
   子、樹木等。如果發現小動物，指給幼兒看，不要捕抓小動物。

8. 邀請幼兒進行該活動。

更換放大鏡的形狀，如花形狀的放大鏡。

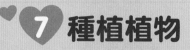

7 種植植物

● 領　　域：感官活動
● 年　　齡：33～36 個月
● 直接目的：發展感官覺識的能力
● 間接目的：練習精細和粗大動作能
　　　　　　力
　　　　　　增進語言、記憶和專注
　　　　　　能力
　　　　　　增加對時間的認識

1. 兩個花盆。

2. 裝有種子的袋子和木製的棒子（木棒、冰棒棍，或咖啡攪拌棒），木棒
   是為了標示已種植的種子的名稱。選擇容易快速生長結果的植物種子，
   例如：向日葵、南瓜、苜蓿、甜菜。

3. 幼兒尺寸的噴水器。

4. 如果有可能，在戶外區域介紹這活動。如果不能在戶外種植，分配靠近
   陽光的窗戶區域，將種子種植在花盆裡。

5. 介紹活動前，用一些時間向幼兒介紹在地的水果、蔬菜和天然樹木；或
   帶幼兒參觀花園、市場和公園；或從圖書館借園藝書籍閱讀。介紹幼兒
   熟悉的水果、蔬菜、樹木或植物。例如：拿一顆橘子並檢查果皮、果肉
   和種子，盡可能運用各種感官，如聞聞花香、觀看橘子樹從種子、幼苗
   到樹木的各個生長階段，並提供一些書籍給幼兒。或是製作樹木的拼
   圖，幼兒可以配對或認識樹木各個部位，如：根、樹皮、樹枝、葉、

果、種子。

 步 驟

1. 邀請幼兒和教師一起播種。

2. 和幼兒一起討論種子要種在什麼地方，讓幼兒知道植物需要空間生長。

3. 拿起木棒，插在準備要種植的泥土裡。

4. 用木棒在泥土裡戳出一個小而傾斜的洞口。

5. 把一顆種子從信封裡拿出來，放進洞口。把泥土鋪撒在洞口上，然後拍打泥土。

6. 邀請幼兒進行該活動。

7. 活動結束後，把物品歸回原位。

 延伸變化

換種其他的植物。

四、語文領域

1 認識動物的圖片

- 領　　域：語言活動
- 年　　齡：24～27 個月
- 直接目的：擴大詞彙量和認識物體
- 間接目的：發展專注和配對能力
　　　　　　發展運動技能

 材料

1. 工作毯。

2. 一張護貝好的圖片。使用堅固和中性色的厚紙板或海報紙製作卡片，並把圖片貼在卡片上。在每一張卡片的底部，貼上與圖片相符的名稱。不要使用俚語或簡稱。例如：如果卡片上呈現一種昆蟲，使用具體的昆蟲品種圖片名稱，如「帝王蝶」或「螳螂」，如果卡片上是一種樂器，使用不常見的樂器，如「鐘琴」、「雙簧管」和「低音大提琴」。根據卡片呈現出整體概念。例如：樂器、爬行昆蟲、蝴蝶種、農場動物的腳印、叢林動物、景點、鯨魚、恐龍、建築工具、運動器材等。

3. 一個可以展示卡片的盒子。一次呈現五張卡片給幼兒看，日後介紹時，可依需要增加或減少卡片數量。

 步驟

1. 教師選出五張卡片，如：五種樂器的圖片，放在盒子裡。

2. 教師坐在幼兒的旁邊。

3. 從盒子裡拿出第一張卡片，放在旁邊。

4. 指著圖片，說出物品的名稱並簡單地描述它。

5. 其餘的卡片也重複相同的動作。將卡片從左至到右排放。

6. 當把所有卡片放成一排後，指著每一張卡片，慢慢地說出它們的名稱。

7. 隨機選擇卡片，讓幼兒把它們放回盒子裡。

8. 繼續活動，直到幼兒把所有的卡片放回盒子裡。

9. 邀請幼兒繼續活動，如教師說：「現在你可以自己觀看這些卡片。」

10. 遊戲結束後，把物品歸回原位。

▶▶ 注意事項

語詞的教法：

(1) 名詞 → 飛機

(2) 形容詞+名詞 → 大的飛機

(3) 冠詞+形容詞+名詞 → 一架大的飛機

(4) 動詞+冠詞+形容詞+名詞 → 看見一架大的飛機

(5) 主詞+動詞+冠詞+形容詞+名詞 → 我看見一架大的飛機

延伸變化

1. 當幼兒獲得經驗與技巧後，讓幼兒介紹和說出卡片的名稱，每經過一段時間後，增加卡片的數量。

2. 延伸成團體活動，讓三到四個幼兒一起進行活動。拿出一套卡片給幼兒，讓幼兒選出較特別的卡片貼在牆上。當卡片都貼在牆上後，讓幼兒重新取回卡片放在工作毯上。

❤② 認識身體的部位

- 領　　域：語言活動
- 年　　齡：24～30 個月
- 直接目的：練習認識的技能
- 間接目的：發展整體的意識
　　　　　　從部分到整體的認識
　　　　　　擴大視覺和觸覺的經驗
　　　　　　增加手工靈巧

材料

1. 工作毯。
2. 一個顯示兒童身體部位的簡單拼圖，每一塊拼圖是一個身體部位，如頭、軀幹、手臂、腿部。

步驟

1. 坐在幼兒的旁邊，把拼圖放到工作毯上。
2. 從最上面開始移動，移動每一塊拼圖，並說出身體每個部分的名稱，再把每一塊拼圖放到旁邊。
3. 當教師把所有的拼圖移到旁邊後，告知幼兒要把拼圖放回拼板上。
4. 從最上面開始，每拿一塊拼圖，就說出它的名稱，再把它們放回拼板上。
5. 邀請幼兒進行活動。
6. 活動結束後，把物品歸回原位。

1. 當幼兒獲得經驗與技巧後，向幼兒介紹較多身體部位的拼圖，最好是包括整個臉部、手部和腳部的拼圖，如：眉毛、耳垂、手腕和腳踝等身體細部。

2. 做一個幼兒身體的海報。讓幼兒躺在一張大圖畫紙上，畫出幼兒的輪廓。和幼兒一起說他知道的部位，然後畫出能區分每個部位的線條。讓幼兒可以在海報上著色或是在頭髮部位貼上毛線。

3. 介紹一些可以和身體部位有關的歌曲（如：頭兒肩膀膝腳趾、合攏張開）或是遊戲。

❤❤ ③ 相同聲母的圖片

- 領　　域：語言活動
- 年　　齡：27～30 個月
- 直接目的：增進詞彙和物品關係的能力
- 間接目的：發展專注度和精細動作技能

材料

1. 工作毯。

2. 籃子。

3. 含有十張有相同字母開頭的發音，以及和可以被一個、兩個或三個音節的字所描述的人像與物體圖片的小冊子。對孩子來說，是不同的語言活動，其重點在於字的聲母開頭ㄅ、ㄉ、ㄏ。對 2 歲的孩子來說，是從字母開始的單字。不要對不尋常或孩子感到的陌生單字懷疑。例如：呈現的字母為「ㄅ」，就是要找出有「ㄅ」發音的圖片，例如：報紙、爸爸、包子等。這本小冊子應該讓孩子很感興趣並可以頻繁使用。使用厚卡紙或海報板（全部一種顏色）製作內頁，並用膠水把照片或圖片牢牢貼上。使用保護膜加以保存。在編排小冊子時，用金屬環串起每一頁，以便日後增加或刪除頁數。為了加強從左到右的學習方向，將圖片貼在右側頁，左側頁則呈現空白。你可以：(1)從內頁中選一張圖片當小冊子的封面；或(2)在封面上貼主題聲母，或貼張砂紙讓孩子可以追查。

步驟

1. 坐在幼兒的旁邊，把小冊子放在工作毯上。

2. 邀請幼兒和教師一起觀看小冊子。

3. 發出聲母的音調給幼兒聽，不要直接讀出小冊子上的圖片名稱。

4. 打開第一頁，指著圖片，讀出圖片的名稱。

5. 安靜地等待幼兒說出名稱。

6. 幼兒說出圖片的名稱後，教師再重複一次。如果幼兒發音錯了，不要糾正他。

7. 如果幼兒說一些有關圖片的事情，安靜地聆聽，再適時把他的注意力拉回小冊子上。

8. 其他的圖片也重複一樣的步驟。

9. 當教師和幼兒看完所有的圖片後，再隨意指著一張圖片，讓幼兒說出它們的名稱。

10. 活動結束後，把物品歸回原位。

▶▶ **注意事項**

1. 聲母：ㄅㄆㄇㄈㄉㄊㄋㄌㄍㄎㄏㄐㄑㄒㄓㄔㄕㄖㄗㄘㄙ

2. 介母：ㄧㄨㄩ

3. 韻母：ㄚㄛㄜㄝㄞㄟㄠㄡㄢㄣㄤㄥㄦ

 **延伸變化**

1. 當幼兒獲得經驗與技巧後，增加新的圖片，直到小冊子有 15 頁為止。可以讓幼兒自己選擇和黏貼圖片。

2. 當幼兒獲得經驗與技巧後，介紹較複雜的詞彙。

3. 當幼兒獲得經驗與技巧後，選擇一本他最喜歡的小冊子，讓他找出小冊子裡的物品。

4. 說故事給幼兒聽時，和他一起從故事書裡找出小冊子上的圖片。

4 相同聲母的物品

- 領　　域：語言活動
- 年　　齡：27～30 個月
- 直接目的：練習具體的語音發音
- 間接目的：發展專注力和精細動作
  技能

 材料

1. 工作毯。

2. 兩個真實的小型物品，每一個物品都有相同聲母開頭的發音。其他的建議物品有：昆蟲、水果、蔬菜、家畜、森林動物、衣服、家庭用品、樂器、交通工具、植物和鮮花、兔子、湯匙、梯子、桃子、太陽。

 步驟

1. 坐在幼兒的對面，向幼兒說明這次活動的目的。

2. 從拉鏈袋裡拿出一個物品，說出物品的名稱。

3. 靜靜地等待幼兒重複物品的名稱。

4. 當幼兒說出物品的名稱時，不管對錯，都不要糾正他，你只需再說一遍即可。

5. 如果幼兒對這個物品很感興趣，可以說說和這物品相關的事情和特徵；若幼兒不感興趣，就換另一個物品。

6. 如果幼兒只是一直觀察物品，沒有說什麼，讓他去摸索，教師只要重複說出物品的名稱，然後再請幼兒重複說出名稱即可。

7. 如果幼兒說出物品的名稱，再從袋子裡拿出第二件物品。

8. 繼續活動，直到幼兒把袋子裡所有物品的名稱都練習一遍，然後把所有物品放在工作毯上。

9. 隨意挑一個物品，讓幼兒說出它的名稱，然後教師再重複一遍。

10. 當幼兒說出所有物品的名稱以後，把物品放回袋子裡，讓幼兒繼續活動。

11. 活動結束後，把物品歸回原位。

1. 當幼兒獲得經驗與技巧後，介紹其他的物品，但是是要相同聲母發音的物品。

2. 當幼兒獲得經驗與技巧後，增加物品的數量。

5 數字本

● 領　　域：語言活動
● 年　　齡：27～30 個月
● 直接目的：熟悉數字與其代表的意
　　　　　　義
● 間接目的：培養計數詞彙的能力
　　　　　　發展記憶能力

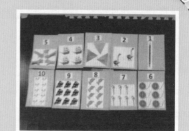

1. 工作毯。

2. 籃子。

3. 一本有十頁的小冊子，每一頁呈現一個數字及與其相同數目的物品圖
　片。幼兒所要面臨的挑戰是要追查和辨別每一個數字，並大聲地數數。
　製作這本小冊子，第一要做出數字卡。在白紙或卡紙上方使用深黑色標
　示出數字 1 到 10。在數字之下，黏貼相同數目的物品圖片，數字 1 會搭
　配一個物品，數字 2 會搭配出兩個物品，依此類推。選擇不常見或是幼
　兒陌生的圖片。例如：植物、昆蟲、魚類、叢林動物、管弦樂器、工
　具。這本小冊子應該讓幼兒很感興趣並能頻繁使用，可以護貝保存。要
　注意頁面的順序。為了加強從左到右的學習方向，將數字及物品圖片貼
　在右邊頁面上，左邊頁面保持空白。使用金屬環串起每個頁面，以便日
　後增加或刪除頁數。為了讓小冊子易於識別，從內頁選一張圖片作為封
　面。

步驟

1. 坐在幼兒的對面，向幼兒說明這次活動的重點。

2. 將十頁的圖片排列在地毯上。

3. 用手指描繪圖片上的數字形狀，大聲說出數字名稱。

4. 觸碰數字下方的圖片，說出圖片的名稱和數量。

5. 若幼兒開始說有關圖片的事情或說出數字，靜靜地聆聽，然後再繼續活動。

6. 重複活動，直到所有的頁數都看完為止。

7. 邀請幼兒自己進行活動。

8. 活動結束後，把物品歸回原位。

▶▶ 注意事項

　　數數時，請按照此方法教幼兒認識數字，手指 1，唸「這是 1」。

　　1 → 1 這是 1

　　2 → 2 這是 2

　　3 → 3 這是 3

　　4 → 4 這是 4

　　5 → 1.2.3.4.5.這是 5

 **延伸變化**

1. 當幼兒獲得經驗與技巧後，一起數小冊子圖片上的物品。

2. 和幼兒一起唱關於數字的歌。

3. 邊散步邊計數。當幼兒獲得經驗與技巧後，讓他數一些不超過五個的物品。練習過後，可讓幼兒選擇他想數的物品。

4. 將活動延伸為進行肌肉發展的活動。邀請幼兒和教師一起到戶外進行大或小的步伐數數遊戲。

 **6 創造故事**

- 領　　域：語言活動
- 年　　齡：27～33 個月
- 直接目的：發展說故事的能力
- 間接目的：練習邏輯、專注和思考
　　　　　　技能
　　　　　　發展創造力和想像力

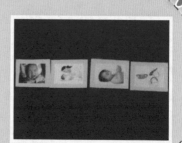

 材料

1. 工作毯。
2. 籃子。
3. 四張以幼兒為主要角色的「圖片故事」。在學校，選擇以幼兒熟悉的物品和活動的清晰照片和圖片為主，其中至少有一張是獨照。

 步驟

1. 選擇四張圖片放進籃子裡。把幼兒的照片放在最上面，其他的圖片依序放好，方便你向幼兒說故事。
2. 坐在幼兒的對面。
3. 拿出籃子裡的圖片，從幼兒左手邊開始，以平行的方式把圖片擺好。
4. 觸碰第一張圖片，那是幼兒的照片，說出幼兒的名字。
5. 觸碰第二張圖片，開始說關於圖片的故事。
6. 觸碰第三章圖片，繼續說故事。

7. 觸碰第四張圖片，結束故事。

 8. 邀請幼兒以這四張圖片說出故事。

 9. 靜靜地聽幼兒說的故事，不要糾正他。

10. 如果幼兒還有興趣，讓他繼續進行活動。

11. 活動結束後，把物品歸回原位。

當所有的圖片都用過以後，變更新的圖片。可增加多一些圖片，以便
你和幼兒可以說出更精彩的故事。

7 熟悉字母和發音

● 領　　域：語言活動
● 年　　齡：27～33 個月
● 直接目的：熟悉字母及發音
● 間接目的：奠定基礎的閱讀技能
　　　　　　發展認知、感官和精細
　　　　　　運動技能

 材料

1. 工作毯。

2. 籃子。

3. 一組相同大小、顏色和形狀的 37 個注音符號。在箱子裡放入與注音相符的物品，如：在ㄅ的箱子裡，可以放入一支筆、一張有寶寶的圖片。一次展示一個注音。替換物體和圖片，並維持幼兒的興趣。

 步驟

1. 教師坐在幼兒的旁邊。

2. 拿起箱子，用手指描繪盒子上的注音，然後發出注音（如：ㄅ的盒子上貼有ㄅ的字形，口中唸「ㄅ」）。

3. 把盒子放到箱子的右上角。

4. 從箱子裡拿出一個物品，說出它的名稱。

5. 從箱子裡慢慢地一個一個拿出物品，說出它們的名稱，然後從左到右排

放在工作毯上。記得強調物品第一個注音，如兔子是ㄊ。

6. 之後，再拿起工作毯上的物品，說出名字後放回箱子裡，然後把蓋子蓋上。再次用手指描繪蓋子上的注音，然後發出注音。

7. 邀請幼兒進行遊戲。

8. 活動結束後，把物品歸回原位。

▶▶注意事項

　　1. 聲母：ㄅㄆㄇㄈㄉㄊㄋㄌㄍㄎㄏㄐㄑㄒㄓㄔㄕㄖㄗㄘㄙ

　　2. 介母：ㄧㄨㄩ

　　3. 韻母：ㄚㄛㄜㄝㄞㄟㄠㄡㄢㄣㄤㄥㄦ

可將物品換成圖片。

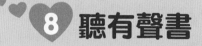

8 聽有聲書

● 領　　域：語言活動
● 年　　齡：30～36 個月
● 直接目的：發展聽覺的技能
● 間接目的：擴大詞彙量
　　　　　　發展獨立、
　　　　　　序列的意識

材料

1. 工作毯。

2. 有 CD 的收音機，可以容易打開或關閉。在介紹活動前，用一堂課練習操作收音機，特別是如何使用開、關和重放的按鈕。為了幫助幼兒記憶，不妨在「開」的按鈕上貼上綠色的小標籤，在「關」的按鈕上貼上紅色的小標籤。

3. 適合兒童年齡的有聲書物，最好是符合幼兒生活和興趣的主題。

步驟

1. 選擇你要的有聲書。如果可以，選擇和幼兒生活有關或是幼兒喜歡的主題。

2. 坐在幼兒的旁邊。

3. 打開有聲書的第一頁，按開播放器的開鍵。

4. 和幼兒一起安靜的聆聽 CD。聽 CD 的指示翻頁，如幼兒想要自己嘗試

翻頁，允許他這樣做。

5. 當 CD 結束後，按「關」鍵，然後把書闔起來。

6. 讓幼兒按倒回鍵，讓 CD 可以回到最前面。

7. 邀請幼兒繼續進行活動。

五、社會領域

1 開門和關門

● 領　　域：社會活動
● 年　　齡：24～27 個月
● 直接目的：學習日常生活的禮儀
● 間接目的：發展自我認識的概念
　　　　　　增進手眼協調的能力

 材料

1. 一扇可開關的門。

 步驟

1. 教師和幼兒面對面坐在地上，靠近門的附近，且門打開時不會碰到幼兒。

2. 教師說出活動的目的。

3. 教師站起來慢慢地走到門邊。這個過程中讓幼兒保持興趣，例如可以數一數走到門邊的步伐、誇大地轉開門把，然後做出將門打開的動作。

4. 走出門外，轉過身來對幼兒笑一笑。

5. 慢慢地關上門。

6. 教師在門外等待幾秒鐘，再次把門打開，走進屋裡，再把門慢慢地關上。

7. 邀請幼兒進行該活動。

延伸變化

1. 邀請幼兒和你一起找出房子裡所有的門，然後一起練習開關門的方法。

2. 利用這個活動介紹「開」和「關」這兩個字。

3. 當幼兒獲得經驗與技巧後，變更走路的速度，有時候快步走、有時踮著腳走、有時候大步走路。不同的走路方式，會影響幼兒是否可以靜靜地開關門。

4. 讓幼兒有機會認識不同款式的門。如：給幼兒一籃各式各樣的門把，讓他有機會研究不同的門把和訓練轉開門把的動作；從書裡找門的照片，和幼兒一起觀賞，並可將圖片上的門剪下來，貼在小冊子上。

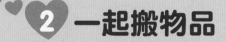

❷ 一起搬物品

- 領　　域：社會活動
- 年　　齡：24～30 個月
- 直接目的：發展合作與團隊的能力
- 間接目的：增進語言的能力
　　　　　　培養粗大動作的技能

材料

1. 為每位幼兒準備一雙幼兒尺寸的工作手套。
2. 一個非常沉重的、可移動的物體，如：一塊大的木頭、一個裝有一些磚頭的密封包裝盒。當拉動時，確保物體不會翻倒。這可以是一個室內或戶外活動，若在室內，請選擇一個有很多房間、活動時不致影響到其他孩子的地方，並注意當拖動物體時不會損壞地板或草皮。

步驟

1. 把繩子綁在石磚上，放在要進行活動的地點。
2. 和幼兒一起戴上工作手套，到放石磚的地點。
3. 對幼兒說明活動目的。如：「讓我們把磚塊移到籬笆旁的樹下。」
4. 邀請幼兒拿起繩子的尾端，把磚塊拉到指定的地點。
5. 當幼兒發現自己不能移動磚塊時，詢問幼兒是否有什麼方法可以比較輕易地移動磚塊。

6. 給幼兒一些時間去思考。幼兒可能會建議一起合作把石頭拉到目的地；如果幼兒沒有說出這個方法，你可以給他建議。

7. 當幼兒和教師一起開始移動磚塊時，說出鼓勵的話。不過要把重點放在你們的努力上，而不是只注意磚塊移動了多少。

8. 當幼兒把磚塊移到目的地後，再說出下一個指定的地點。

9. 遊戲結束後，把物品歸回原處。

延伸材料

可換成搬桌子、棉被、櫃子等大型物品。

3 繪畫創作

- 領　　域：社會活動
- 年　　齡：27～33 個月
- 直接目的：促進小組合作
- 間接目的：培養美感的創造力
　　　　　　發展社會、聽覺和語言
　　　　　　的技能
　　　　　　增進精細和粗大動作能
　　　　　　力

 材料

1. 把海報張貼在美勞區域的牆上，且靠近幼兒專用的洗手台。
2. 教師和每位幼兒都需要繪畫圍裙。
3. 三小罐水彩顏料或廣告顏料，每個罐子各裝有黃色、綠色和紅色的顏料。
4. 一疊八開的圖畫紙。
5. 為每個孩子準備一支水彩筆。
6. 可清理用的海綿和毛巾。

 步驟

1. 在開始活動前，可以先讓孩子去看或觸摸真實的樹、葉子和樹枝。
2. 和幼兒起身到張貼好的海報前，說出活動的目的。
3. 和幼兒一起穿上圍裙，拿出圖畫紙放在海報前的地上。距離牆上的海報要有足夠的距離。

4. 和幼兒一起拿彩色的顏料。

5. 讓幼兒坐在面向牆的地上。

6. 讓幼兒用水彩筆沾點顏料，在紙上畫上大點。

7. 允許幼兒選擇自己喜歡的顏料。

8. 重複幾次，直到所有的幼兒都在圖畫紙上畫上三個點。

9. 讓幼兒輪流把三個點畫成一個大的點。

10. 讓幼兒在樹上畫上葉子。讓他們有幾個選擇。如：用水彩筆畫上葉子；把水彩畫在手上，再蓋到樹上。讓幼兒有選擇的機會是很重要的，因為有些幼兒並不喜歡水彩在手上的感覺。

11. 在旁邊靜靜地觀看，但可以給予讚美。

12. 當活動結束後，把物品清洗乾淨，歸回原位。

延伸變化

1. 讓幼兒以別的方式來代替手掌與手指印，用其他的物品來裝飾圖畫。如：緞帶、幼兒收集的真實葉子，或是幼兒從色紙上剪下來的手掌印。

2. 可將畫的內容延伸為：水彩塗鴉、將球塗上顏料丟在圖畫紙上。

4 表情遊戲

- 領　　域：社會活動
- 年　　齡：27～33 個月
- 直接目的：認識自己並能描述他人
　　　　　　情緒的能力
- 間接目的：練習回應與找尋線索的
　　　　　　能力
　　　　　　增進語言表達的能力
　　　　　　發展分類和精細動作的能力

材 料

1. 大約二十張孩子的照片，每張顯示不同的表情。請務必選擇範圍廣泛的多文化圖片或照片，並包括男生和女生。可以有更多複雜的情緒，像驚訝和憂慮，以及基本的情緒，像悲傷和幸福，但不包括孩子看起來非常害怕的照片。將每張照片或圖片黏貼在卡片上，所有卡片都使用相同的顏色。為了使卡片堅固耐用，可使用護貝加以保存。

2. 鏡子。

步 驟

1. 選出八張卡片，在這八張卡片中，只有兩種不同的表情。

2. 教師坐在幼兒的對面，說出活動的目的。

3. 拿出第一張卡片。

4. 指著卡片，觀看一陣子。說出卡片中的表情並模仿其表情、聲音和上半身的動作。

5. 再拿出第二張卡片，放在幼兒的右手邊，指著卡片，說出卡片上的表情，並模仿其表情、聲音和上半身的動作。

6. 其餘的卡片也重複同樣的活動。

7. 把卡片放回籃子裡。邀請幼兒進行活動。

1. 變換卡片，選擇幼兒還沒練習過的表情。

2. 和幼兒一起說出卡片中的表情。

5 戶外活動

- 領　　域：社會活動
- 年　　齡：27～36 個月
- 直接目的：認識戶外環境的人事物
- 間接目的：發展提前計劃的能力
　　　　　　增進語言和粗大動作的
　　　　　　　技能
　　　　　　培養日常生活的基本能力

1. 第一次介紹活動時，建議設計一個簡單、具體和教師認為幼兒會有興趣的旅遊，如：步行到附近的施工現場看房子的建造過程，或步行到附近公園的池塘餵魚。之後，幼兒可以輪流規劃，教師可以問問他們的想法。其他的戶外活動如：當地公園、雜貨店、圖書館、郵局、花園、麵包店、農場、果園、消防隊、公車路線、養鴨池等。可準備的物品有：背包、水桶（收集每個孩子的珍貴物品）、雨具、父母同意書等。根據行程，也可能需要家長志工的協助。

1. 讓幼兒圍成一個圓圈。
2. 教師邀請幼兒一起計劃一個簡單的戶外活動。讓幼兒知道要如何到達目的地、到達地點時要進行的活動，以及如何返回學校。討論戶外活動之前需要準備的物品，例如：外套、午餐和包包等。也要讓幼兒知道到目

的地後需要做些什麼，例如：把外套掛起來、把收集到的寶物拿出來，以及畫一些自己看到的事物。

3. 在活動中，行程可以變動，並讓幼兒學習指揮，讓每個幼兒有足夠的時間專注在自己選擇的事情上。

4. 鼓勵幼兒用感官體驗，像是聽、嘗、聞、觸摸身旁事物，並加以形容。

5. 如果可以，讓幼兒在活動中學習安全的行為，例如：等待紅綠燈、遠離危險的馬路邊緣，以及在車上要繫好安全帶。

6. 可以將這次的活動和幼兒之前的經驗做結合，進行分享和討論。

7. 回學校後，讓幼兒畫和活動有關的圖畫。

8. 之後還是可以和幼兒一起到相同的地方。這可以幫助幼兒了解環境會因時間轉換而呈現不同的樣貌，像是：種子會變成花、綠葉變黃或小雞會長大等。

6 動一動

- 領　　域：社會活動
- 年　　齡：30～36 個月
- 直接目的：練習模仿他人說出的話和動作
- 間接目的：發展回應社會線索的能力
　　　　　　練習聽覺和語言技能
　　　　　　擴大專注力

材料

1. 一本有關動作的繪本。通常是緩慢且富有戲劇性的故事，有很多重複、移動和運用五個感官的動作。教師與孩子一起坐在地板上圍成圓圈，並重複故事和模仿動作。例如：

走出叢林，走出叢林，那裡的太陽很炎熱，那裡的太陽很炎熱。（點一下，擦拭額頭）

鸚鵡在棕櫚樹裡，鸚鵡在棕櫚樹裡。發牢騷！發牢騷！（發出像鸚鵡發牢騷的聲音）

芳香的美麗花朵。聞，聞。（做聞的動作）

看看山，看看山。（半遮眼睛或假裝觀看望遠鏡）

我看見一隻又大又強壯的猩猩。我看見一隻又大又強壯的猩猩。（捶打胸部，揮動手臂）

我不害怕，我不害怕。（頭部左右動搖）

快快跑，跑，跑，跑。（手肘擺動像是跑步）

跑到刺灌木裡。哎喲！哎喲！（大聲哀嚎）

在湍急的河裡游泳。（手臂做出游泳的動作）

離開水。抖動，抖動。（抖動雙手和頭）

聽到小聲的喞喞，聽到小聲的喞喞。（手在耳朵旁做出杯子狀，開始竊竊私語）

看見鱷魚寶寶，看見鱷魚寶寶。躡手躡腳地看他們，躡手躡腳地看他們。噓。噓。（發出噓的聲音）

感覺到好累，感覺到好累。（做出打哈欠的動作）

蜷縮在旁邊，蜷縮在旁邊。（蜷縮在地板）

鱷魚和我，鱷魚和我。打鼾，睡覺，打鼾，睡覺。豬。豬……噓。噓……（最後有著打鼾的聲音，然後安靜）

 步驟

1. 找尋或是發明一些可連結故事中內容的動作。
2. 如果只和一位幼兒進行活動，教師坐在幼兒的對面，這樣他才可以清楚看到教師的臉部表情。如果是和一群幼兒進行活動，讓他們圍成一個圈。
3. 告訴幼兒要說故事了，邀請幼兒模仿教師的動作和重複教師說的話。
4. 每說完一句就停頓，讓幼兒有時間重複你的動作和話語。
5. 當故事要結束時，再從後面開始倒講回前面。
6. 繼續活動，直到幼兒不感興趣為止。

 延伸變化

當幼兒獲得經驗與技巧後，邀請他們做故事填空、比動作或發出聲音。

7 找同伴遊戲

- 領　　域：社會活動
- 年　　齡：33～36 個月
- 直接目的：學習與新朋友互動
- 間接目的：練習禮儀和社會技能
　　　　　　發展語言技能和社會意
　　　　　　識
　　　　　　練習配對的能力

 材料

1. 許多不同顏色的卡片，但盡量確保每個顏色只有兩張。也可使用兩張相同的認知配對卡，例如：農場動物的圖片、樂器和樹木。
2. 盒子。

 步驟

1. 把卡片準備好，每種顏色都必須有兩張。幼兒要以相同的顏色找出自己的同伴。
2. 讓幼兒圍成一個圓圈，把盒子放在中間。幼兒一個一個到盒子裡拿起最上面的卡片，再坐回原位。
3. 讓幼兒找出和自己拿著一樣顏色卡片的人，然後站在對方的旁邊。
4. 當所有的幼兒都找到自己的同伴時，讓每一對幼兒自我介紹。
5. 讓幼兒把卡片放回盒子裡，和自己的同伴說再見。
6. 若幼兒還想要繼續玩，就讓活動繼續下去。

7. 活動結束後，把物品歸回原位。

當幼兒獲得經驗與技巧後，有簡單的戶外活動時，可以用這個活動幫幼兒配對。也可以用貼紙貼在幼兒的鞋上，讓他們找出和自己有一樣貼紙的同伴。

 **8 打奶油**

- 領　　域：社會活動
- 年　　齡：33〜36 個月
- 直接目的：分享小組努力的成品
- 間接目的：練習合作和社會技能
　　　　　　發展語言和感官能力
　　　　　　發展日常生活中可行
　　　　　　的技能

 材料

1. 工作毯及工作托盤。

2. 一個瓶子，可足夠容納一杯的水。瓶子附有一個可拴緊的蓋子。

3. 新鮮發泡／未發泡奶油的罐子（可以添加一小撮鹽）。為了加速增厚的過程，保持奶油和罐子冷卻。

4. 奶油刀、薄脆餅乾片、餐巾、小蛋糕模具、海綿、刷子和裝餅乾屑的盤子。

 步驟

1. 讓幼兒圍成一個圓圈。把瓶子和奶油放在工作毯上，其他的物品先放到桌上。拿起未發泡奶油倒一匙在瓶子裡。

2. 教師用雙手把瓶子捧起來，向幼兒講解要做什麼，並讓幼兒用感官去感受，如教師說：「這是未發泡的奶油，今天我們要用它一起做奶油，現在它看起來不像奶油，聞起來也不像奶油。它看起來比較像牛奶。

看！」

3. 把瓶子從左邊開始傳，讓所有幼兒看看瓶子裡和聞一聞它的氣味，等所有幼兒看過之後，把瓶子放在工作毯上，剩下的未發泡奶油倒進去。

4. 然後向幼兒講解第二步驟。如：「現在我們要把未發泡奶油做成奶油。我們需要一起努力地搖一搖。」

5. 用雙手把瓶子拿起來，小心地搖晃。再把瓶子從右邊傳給每一位幼兒，讓他們搖晃瓶子。

6. 每當瓶子傳到教師的手上時，要大力地搖晃，然後再傳下去。

7. 當瓶子裡的奶油開始變得黏稠時，讓幼兒停下動作。

8. 把瓶子放到桌上。讓幼兒一起洗手。

9. 把所有的物品放到桌上。把瓶蓋打開，讓幼兒觀察奶油的樣子。放一點水進瓶子裡，向幼兒解釋奶油會產生的變化。用奶油刀把瓶子裡的奶油挖出來，放進蛋糕模具裡。

10. 把蛋糕模具放在桌子的中間。從盤子裡拿起一塊餅乾，用奶油刀拿起一點奶油塗在餅乾上，把所有塗好奶油的餅乾放在你的前面。

11. 讓每個幼兒拿起一塊餅乾，塗上奶油。當所有的餅乾都塗上奶油後，大家一起把餅乾吃掉。讓幼兒形容一下奶油的味道。

12. 讓所有的幼兒把手洗乾淨。

13. 活動結束後，打掃乾淨，並把物品歸回原位。

1. 為了延伸活動，可以和幼兒看一些有關於製作奶油的書。

2. 如果幼兒會對牛奶過敏，選擇其他的食物來替代。如：把柳丁切成一半，讓幼兒擠壓成果汁。

3. 可延伸成小組的點心製作。

六、認知領域

1 物品分類

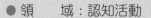

- 領　　域：認知活動
- 年　　齡：24～27 個月
- 直接目的：發展邏輯思考和專注能力
- 間接目的：發展組織事物的能力
　　　　　　增進精細動作技巧

 材料

1. 籃子裝有兩種不同概念的物品共六個。例如：籃子裡放有不同顏色的三支蠟筆和三顆珠子。
2. 兩個顏色、大小和形狀相同的容器。

 步驟

1. 教師坐在幼兒的對面，把物品放在桌上。
2. 拿起一枝蠟筆，放進其中一個容器中。
3. 再拿起另一個物品，如果一樣是蠟筆，就放在同一個容器中。如果是珠子，就放進另一個容器。
4. 重複活動，將所有蠟筆放在同一容器中。
5. 再將所有珠子放在另一個容器中。
6. 邀請幼兒進行活動。
7. 活動結束後，把物品歸回原位。

延伸變化

1. 當幼兒獲得經驗與技巧後,將物品增加成四類。如:珠子、蠟筆、玩具車和線。

2. 在活動中增加語言的部分,請幼兒說出物品的名稱,每放一個物品在容器時,就說出它的名稱。

3. 當幼兒獲得經驗與技巧後,讓幼兒區分較複雜或是比較近似的物品。如:鉛筆和蠟筆、雞和鴨、牙刷和刷子等。

4. 更換內容物,如:生活中的物品皆可。

 **2 圖片配對**

● 領　　域：認知活動
● 年　　齡：24～27 個月
● 直接目的：發展分類的技能
● 間接目的：培養視覺和精細動作技
　　　　　　能
　　　　　　發展詞彙的數量

材料

1. 工作毯。

2. 工作托盤。

3. 十張顯示兩種不同概念的圖片，其中五張屬於同一種概念，另五張屬於
　 另一種概念。例如：貓和花，樹木和嬰兒，汽車和房屋。從回收的日
　 曆、賀卡和雜誌中剪下圖片，並用膠水黏貼在卡片上。使用實際照片或
　 圖畫，不要使用漫畫。為了讓孩子把重點放在照片所代表的概念，所有
　 圖片都使用相同顏色的卡片。為了增加其耐用性，可以護貝保存。

4. 兩個裝入不同概念圖片的盒子。

步驟

1. 教師坐在幼兒的對面，把物品放在工作毯上。

2. 拿起最上方的卡片，細細觀看，然後放在幼兒左邊的盒子裡。

3. 再拿起一張卡片，如果它的概念和第一張的相符，就放進同一個盒子

裡。如果不相符，就放進另一個盒子裡。

4. 重複活動，直到所有的圖片都歸類完為止。

5. 再把所有的圖片從盒子裡拿出來，交替擺放圖片，放在幼兒前方。

6. 邀請幼兒進行活動。

7. 活動結束後，把物品歸回原處。

延伸變化

1. 讓幼兒製作一本小冊子。當幼兒把物品分類好後，使用兩張空的卡片當作小冊子的封面和封底。幼兒在紙上打洞，再把它們綁在一起。讓幼兒在封面上畫一些和小冊子主題有關的圖案，也可以在封面上寫上主題。

2. 當幼兒獲得經驗與技巧後，增加分類的數量到三、四或五種。

3. 當幼兒獲得經驗與技巧後，讓幼兒區分較複雜或是比較近似的物品，如：老虎和鸚鵡、消防車和警察車、蠟筆和鉛筆。

4. 在活動中增加語言的部分。例如：說出物品的名稱，每拿一張卡片就說出上面物品的名稱。

3 物品與數字

- 領　　域：認知活動
- 年　　齡：27～30 個月
- 直接目的：熟悉數字與其代表意義
- 間接目的：發展數數的能力

　　　　　　培養精細動作技能和視

　　　　　　　覺區別

　　　　　　發展詞彙量

1. 工作毯。

2. 工作托盤。

3. 一套數字卡，每張上面有一個數字卡片和相同數目的紅點。在紙上割下 1 到 10 的數字，並黏貼在白色厚紙板或卡紙上。使用紅色圓點貼紙，在數字下方垂直貼上紅點。數字 1 下方會有一個紅點，數字 2 下方會有兩個紅點，以此類推。為了方便孩子操作，盡可能讓點和點之間有一定的間距。

4. 小瓶蓋，至少 55 個，足夠讓孩子對應目前十張卡片的數量。

5. 一個盒子（放卡片用，但高度不需太高）。

1. 教師坐在幼兒的對面，把物品放在工作毯上。

2. 把第一張數表放在工作毯上。

3. 用手指順著數表的數字寫字，然後再觸摸數字下的紅點。

4. 每數一個數，就拿起一個小瓶蓋放在紅點上。重複活動，直到所有的數表都放上小瓶蓋為止。

5. 再把所有的小瓶蓋放進盒子裡。

6. 邀請幼兒進行活動。【一次示範 3 個數量、例如 123、456、789】

1. 可以搭配數數的歌曲來進行活動。

2. 當幼兒獲得經驗與技巧後，增加數字。

3. 為了保持幼兒的興趣，提供不一樣的物品讓他放在紅點上。

4. 用黑色的筆做一張數字卡並護貝，以便可以重複使用。給幼兒一些他喜歡的貼紙，讓他可以把貼紙貼在小點上。

5. 製作有關數學的藝術品。收集上面有各式各樣數字的物品，像是：日曆、雜誌和一些目錄。給幼兒一個數字，然後讓他把數字找出來。如：給幼兒數字 3，讓他把日曆裡全部的數字 3 剪出來。給幼兒漿糊，幫他把數字貼在一張紙上。

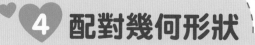

4 配對幾何形狀

- 領　　域：認知活動
- 年　　齡：24～30 個月
- 直接目的：熟悉三個基本的幾何形狀
- 間接目的：發展專注和視覺辨別能力
　　　　　　增進精細動作技能

材料

1. 工作毯。

2. 幾何形狀的木製拼圖：圓形、正方形和三角形。拼圖可以購買或自製。
   為了幫助孩子操作拼圖和練習精細動作技能，在每個形狀拼圖上附加一
   個小握鈕。如果可能的話，讓所有小握鈕的顏色都相同，因為它並非活
   動的重點。為了幫助孩子將注意力集中在不同的形狀上，盡量選擇原木
   色或白色的積木。

步驟

1. 教師坐在幼兒的對面，把拼圖放在中間。

2. 把拼圖從拼圖板上拿起來。

3. 細細觀察每個拼圖塊。

4. 當所有拼圖都放在工作毯上後，拿起其中一個，用它和拼板上的每個圖
   案作比較，再把它放進合適的拼板裡。

5. 重複活動，直到所有的拼圖都放進拼板裡。

6. 邀請幼兒進行活動。

7. 活動結束後，把物品歸回原位。

1. 在活動中增加文字的部分，例如：說出每個形狀的名稱。

2. 利用幼兒身邊的物品來製作各式各樣的形狀。像是：沙發套、從海綿上剪下一些形狀，或是剪一些色紙讓幼兒可以貼在卡紙上。

3. 當幼兒可以說出形狀的名稱時，和幼兒一起進行「說出形狀名稱」的活動，例如：在室內或屋外散步看到某個形狀時，就立刻說出該形狀的名稱。

4. 當幼兒獲得經驗與技巧後，介紹三種不同形狀及大小的拼圖給幼兒。

 形狀配配看

- 領　　域：認知活動
- 年　　齡：27～33 個月
- 直接目的：發展從部分到整體的能
　　　　　　力
- 間接目的：發展視覺、感官和精細
　　　　　　動作技能

1. 工作毯。
2. 工作托盤。
3. 籃子裡裝有九張形狀卡，每個形狀的大小直徑約 2～3 公分，建議選用
　　明確的、容易分辨的形狀，例如：星星、愛心、小鳥。
4. 海報上呈現三個形狀的圖案。每個形狀在左、中、右的位置都要出現。

1. 教師坐在幼兒的對面，把教具放在工作毯上。
2. 從幼兒的左邊開始，依序用手指描繪卡片上的線條。
3. 從籃子裡拿起一個形狀，例如：星星。
4. 用手指（食指和中指）慢慢描繪形狀的邊緣。然後從幼兒的左手邊開
　　始，讓圖片和第一排海報上的每一個形狀作比對，然後再放在對的形狀
　　上。

5. 重複活動，直到所有的形狀都配對、放在正確的位置。

6. 把形狀從海報上拿起來，放進籃子裡。

7. 邀請幼兒進行活動。

8. 活動結束後，把物品歸回原位。

介紹其他的卡片和形狀。如：魚、樹、新月形的月亮等等形狀。

❤❤ ⑥ 排列事件的順序

- ●領　　域：認知活動
- ●年　　齡：30～36 個月
- ●直接目的：了解事件發生的順序
- ●間接目的：發展記憶、邏輯、專注
　　　　　　　度和語言技能

材料

1. 大的工作毯。

2. 籃子裝有一套五個活動序列的圖片（例如：一整天的作息）。第一次介紹這項活動時，選擇有關幼兒從早到晚作息的圖片，如：教師在校門口迎接孩子、孩子脫下外套、孩子穿上室內拖鞋、孩子讀一本書、孩子離開學校……等等。不需排序圖片。選取 10 到 15 張孩子從事日常活動的圖片，從早上的問候、點心時間到戶外活動玩耍、休息時間、到一天結束的告別，包括所有主要的例行活動。圖片需放大並黏貼在厚紙卡上。為了幼兒分心，每張厚紙卡的顏色都要相同。每一張卡片都要加以護貝或包透明膜，以利保存。將卡片存放在一個透明的夾鏈袋裡，並標有孩子的名字。

步驟

1. 教師坐在幼兒的對面，把要呈現給幼兒的圖片放在工作毯上。

2. 觸碰圖片，告訴幼兒圖片上的圖案代表什麼，以及什麼時候會發生這件事情。

3. 向幼兒一一說明籃子裡其他的圖片。鼓勵幼兒和教師說一些有關圖片上的事情。圖片必須垂直的放在工作毯上。

4. 教師詢問幼兒：「哪張圖片先開始？」

5. 碰觸每一張圖片，直到教師指到第一個活動的圖片。把圖片放在較下方，在幼兒的左邊，重新開始一個新的排列。

6. 繼續檢視其他的圖片，找出第二張圖片。

7. 碰觸剩下的圖片，直到教師指到第二個活動的圖片。再把圖片放在剛才第一張圖片的旁邊。

8. 重複活動，直到教師把所有圖片的順序都排好。

9. 接著把圖片收起來放進籃子裡。

10. 邀請幼兒進行活動。

11. 活動結束後，把物品歸回原位。

延伸變化

1. 增加圖片的數量。

2. 當幼兒獲得經驗與技巧後，讓幼兒拍照其他幼兒進行活動的圖片。

3. 當幼兒獲得經驗與技巧後，介紹各式各樣的活動圖片，也可以包括各種不同動物的日常生活。

7 分數拼圖

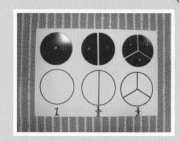

- 領　　域：認知活動
- 年　　齡：33～36 個月
- 直接目的：奠定理解分數符號的概念
  - 了解部分和整體的概念
- 間接目的：發展視覺和精細動作技能

材料

1. 工作毯。

2. 工作托盤。

3. 分數拼圖，包含三個圓圈，每個圓圈呈現不同的分數。例如：1、1/2、
   1/3。

4. 圖卡、筆。

步驟

1. 教師坐在幼兒的對面。把圖卡放在工作毯上。

2. 從一個完整的 1 開始擺放拼圖，過程中的口語敘述詳列以下照片圖說中。

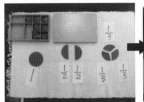
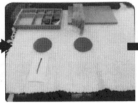
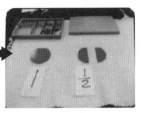

這是一個 1　　　　　這也是一個 1　　　　當我切一半叫 1/2，
　　　　　　　　　　　　　　　　　　　　　　這是 1/2、這也是 1/2

當他們合起來就變成 1

3. 當我切 3 份，這叫做 1/3，這是 1/3、這也是 1/3，當他們合起來時，他
　 們也是一個 1。

延伸變化

1. 在活動裡增加語言的部分，說「全部」、「一半」、「三分之一」
　 等。
2. 當幼兒獲得經驗與技巧後，增加圓圈的數量，第四個圓圈分成四等
　 分、第五個圓圈分成五等分……以此類推。
3. 當幼兒獲得經驗與技巧後，介紹其他的形狀。
4. 延伸遊戲，如：用黏土做出形狀。也可用食物來學習分數概念，
　 如：柳丁可以切成一半、麵包切成四等分等等。

8 配對雙親的照片

- 領　　域：認知活動
- 年　　齡：33～36 個月
- 直接目的：練習視覺辨別的概念
- 間接目的：發展年輕、年老及年紀
　　　　　　大、年紀小的概念
　　　　　　發展視覺和精細動作技
　　　　　　能

 材料

1. 工作毯。
2. 籃子裝有兩兩一組的拼圖共三份，每份拼圖的大小和形狀都相同。每一
　 份都應該表現出閱讀後可尋找出的動物父母的圖片，其他的圖片應該表
　 現出閱讀後可找尋出動物嬰兒。例如：大象和小象，大馬和小馬，大牛
　 和小牛。

 步驟

1. 教師坐在幼兒的對面。
2. 將六張拼圖放在地毯上。
3. 拿起第一張圖，和工作毯上的進行圖片比對，如果圖案相符就放在一
　 起。如果不相符，把它放在下方。再拿起第二張圖作比較。
4. 繼續活動，直到所有的圖都找到另一半為止。
5. 把圖從工作毯上拿起來，放回籃子裡。

6. 邀請幼兒進行活動。

7. 活動結束後，把物品歸回原位。

1. 介紹不同的動物和牠們的小寶寶的圖片。

2. 當幼兒獲得經驗與技巧後，增加圖片的數量。

3. 可以帶幼兒去校外教學，觀察動物和牠們的小寶寶。如：水族館、
   動物園、有新生小狗的家庭等等。

4. 在活動中增加語言的部分。在進行圖片配對活動時，可以說出動物
   的名稱。

5. 讓幼兒製作一本有關嬰兒與父母的小冊子。

國家圖書館出版品預行編目（CIP）資料

0～3 歲嬰幼兒課程活動設計／施淑娟著.
-- 初版. -- 新北市：心理出版社股份有限公司,
2021.10
　面；　公分. --（幼兒教育系列；51216）

ISBN 978-986-0744-16-3（平裝）

1.幼兒教育　　2.教學活動設計

523.23　　　　　　　　　　　　　110008526

幼兒教育系列 51216

0～3 歲嬰幼兒課程活動設計

作　　　者：施淑娟
執行編輯：高碧嶸
總　編　輯：林敬堯
發　行　人：洪有義
出　版　者：心理出版社股份有限公司
地　　　址：231026 新北市新店區光明街 288 號 7 樓
電　　　話：(02) 29150566
傳　　　真：(02) 29152928
郵撥帳號：19293172　心理出版社股份有限公司
網　　　址：https://www.psy.com.tw
電子信箱：psychoco@ms15.hinet.net
排　版　者：龍虎電腦排版股份有限公司
印　刷　者：龍虎電腦排版股份有限公司
初版一刷：2021 年 10 月
初版二刷：2023 年 9 月
I S B N：978-986-0744-16-3
定　　　價：新台幣 360 元